Thomas Murner

An den großmächtigsten und durchlauchtigsten Adel deutscher Nation

Thomas Murner

An den großmächtigsten und durchlauchtigsten Adel deutscher Nation

ISBN/EAN: 9783743447462

Hergestellt in Europa, USA, Kanada, Australien, Japan

Cover: Foto ©ninafisch / pixelio.de

Weitere Bücher finden Sie auf **www.hansebooks.com**

Flugschriften aus der Reformationszeit. XIII.

Thomas Murner

An den grossmächtigsten und durchlauchtigsten
Adel deutscher Nation.

1520.

Herausgegeben

von

Ernst Voss.

Halle a. S.
Max Niemeyer.
1899.

Neudrucke deutscher Litteraturwerke des XVI. und XVII. Jahrhunderts,
No. 153.

Einleitung.

Thomas Murners satirisch-didaktische Dichtungen liegen uns heute mit einer einzigen Ausnahme (Von den 4 Ketzern) in guten kritischen Ausgaben vor, die auch denjenigen zufrieden stellen werden, welcher sein Augenmerk in erster Linie auf die Sprache des streitbaren Mönches richtet.

Von Murners grösseren Prosaschriften, die wohl imstande wären, sein Bild, wie es uns in den Litteraturgeschichten und Monographieen begegnet, bedeutend zu seinen Gunsten zu modifizieren, ist bis dahin nichts neu gedruckt worden. Der vorliegende Neudruck will diesem Mangel abhelfen, und nach Aufnahme in diese Sammlung dürfte er einer Entschuldigung nicht bedürfen.

Murners Schrift „An den Groszmechtigsten vnd Durchlüchtigsten Adel tütscher nation" ist die unmittelbare Antwort auf Luthers „An den Christlichen Adel deutscher Nation" (Neudruck No. 4, hg. v. W. Braune, 2. Aufl. 1897) und erschien wie diese im Jahre 1520. Sie wurde gedruckt von Johannes Grieninger in Strassburg. Goedekes Grundriss [2]II, 218 verzeichnet von dieser Schrift Murners nur ein Exemplar, dasjenige der Berliner Königl. Bibliothek (Cn. 4702). Nachgetragen sollten 2 Exemplare werden, von denen sich das eine auf der Hamburger Stadtbibliothek (O. A. IX. No. 2192 n.), das andere im British Museum, London (3906. h. 67.) befindet. Beide Exemplare decken sich vollständig mit dem Berliner Exemplar, welches diesem Neudruck zu Grunde gelegt wurde. Dasselbe enthält 10 Bogen in 4°, mit den Signaturen A--K.

In dem Neudruck sind die Abkürzungen des Originals aufgelöst, durchweg im Anschluss an die von Braune in seiner zweiten Ausgabe von Luthers Schrift „An den Adel" befolgten Grundsätze. Im übrigen bin ich dem Originaldruck genau gefolgt. Das Titelblatt, sowie die erste Seite des Originaldruckes sind diesem Neudruck in photographisch getreuer Nachbildung, allerdings auf $1/4$ der natürlichen Grösse reduziert, beigegeben. Für die Besorgung der photographischen

Nachbildungen, nach welchen für den Druck Zinkätzungen angefertigt wurden, bin ich meinem Freunde, Herrn Dr. Hans Müller in Hamburg, verpflichtet, welcher auch eine Korrektur des ersten Bogens zu lesen die Güte hatte. Die Seitenüberschriften des Originaldruckes schwanken. Sie erscheinen entweder als 𝔙on dem teutſchen adel (so auf Seite A_2, A_3^b, A_4; B_1, B_2^b, ganz durch D, F u. H, sowie auf K_1^b, K_2, K_3^b, K_4) oder als 𝔙on dem tütſchen adel (A_2^b, A_3, A_4^b; B_1^b, B_2, B_3^b, B_4, ganz durch C, E, G und auf Seite K_1, K_2^b, K_3). Auf Anraten des Herausgebers dieser Sammlung sind sie wegen ihrer schwankenden Form in dem Neudruck ganz weggelassen worden.

Die folgenden Druckfehler des Originals[1]) habe ich verbessert: 3_{28} ewangelaums, 4_{22} veranetwurten, 4_{25} billichet, 6_{28} batrachtung, 6_{38} unwarhafftige, 7_{10} behilffleich, 8_{17} hettteſt, 9_8 garaten, 10_8 A_3] B_3, 10_{26} götlechen, 11_{35} bein, 18_2 vſʒ] vnſʒ, 18_{24} geefangen, 20_{25} wnd, 21_{33} ben, 21_{38} beſchrirmung, 22_{15} peeſonen, 24_{19} ſeit] ſe'n, 24_{24} verluhen, 25_{32} ſoſt] ſolt, 26_{13} krafft, 28_2 das das] das, 28_{10} ieren] irren, 29_9 ſündent] ſündet, 29_{10} vbn] vnd, 30_2 chriſtenleit, 30_{31} betreiffen, 30_{34} annerbotten, 31_{10} erwecker, 31_{11} ſcheittworten, 32_4 ſchreiber, 32_{23} oſerlich, 32_{27} bieifaltikeit, 34_{15} gehoffen] geholffen, 34_{16} versper, 34_{31} gemeinenen, 35_{34} 𝔚äpliche, 36_{10} gelchrifft, 37_{15} eintchriſt, 39_{12} ſteren] ſteten, 39_{28} thün] thün, 39_{39} bilſchöff, 40_4 zwiſchten, $41_{25/26}$ verteriben, 41_{32} euanglio, 42_{15} darpffer, 47_{15} abgöeteren, 48_{39} gföſſer, 50_{27} tugenbenben, 52_{10} ich ch das v] ich vch das, 53_4 iüngſtan, 55_{29} glnuben] glauben, 57_{14} erörffnen.

In dem Neudruck bitte ich zu verbessern: 4_5 familiariter] familiaritet, 7_{29} iu] in, 11_{26} ber] weder, 26_{32} bapſt] bapſts, 27_2 ℜeter] ℜetro, 28_{22} würdenbwie] würden wie, 28_{23} er] ber, 34_{30} ihrer] irer, 38_{20} zu] zû, 50_{14} 𝔎eyſer] 𝔎eiſer, 55_6 alſʒ] als.

Ich beabsichtige, dieser Prosaschrift Murners, vielleicht seiner bedeutendsten, die übrigen aus dem grossen Jahre 1520 bald folgen zu lassen, zunächst seine Schrift: Von dem babstenthum, das ist von der höchsten oberkeyt Christlichs glauben wyder doctor Martinum Luther. Strassburg 1520.

Madison, Wis.
U. S. A.

Ernst Voss.

---

[1]) Die Citate nach Seiten- und Zeilenzahlen des Neudrucks.

An den Groß-
mechtigsten vnd
Durchlüchtigsten adel tüt-
scher nation das sye den
christlichen glauben be-
schirmen, wyder den
zerstörer des glaubens
christi, Martinum
luther einen verfie
rer der einfel
tigen christen.

[A₂] Dem allerdurchlüchtigsten Großmechtigsten fürsten, vnd herren, herrn Karolo erweltem römischen keiser, Hispanischer vnd. ꝛc. maiestabt. ꝛc.

Durchlüchtiger großmechtiger fürst vnd her, Es ist von vrsprung des römschen reichs, des du ietz durch gots fürsichtigkeit ein fridsamer keyser, vnd gebieter erwelet vnd gesalbet bist, solches dein reich von offenlichen finden nie schadlicher angefochten worden, dan ietz zů disen zeiten. Syttenmal daz Catilina (ich mein doctor Martinum luther) ist von den bodten erwecket wider zů menschlichem leben kummen, vnd dar die aller edlisten gemiet deins reichs zů burgerlichen vffrůren vnd nidergang ires eignen vatterlands erwecken, den vatter wyder seine kind, brüder gegen brüderen, vnderthonen zů gegen irer oberkeit, alle ding der massen zů verwicklen vnd vermischen, das weder bapst, keiser, künig, bischoff, bader, oder sůwhirt nit mer sollent vnderscheidet werden, ein vngewone sach allenthalben, wo gůte sitten, berden, zucht, ere, ordenung, frid, fröd, vnd můt, auch alles wolfaren sollent geiebet vnd gehalten werden. Vnd vff daz solches dest schedlicher vnderstanden werd, würt vnser christlicher glaub für ein deckmantel fürgewendet, als ob sich sölche vffrůr, ernüwerung, vnd verendrung, in krafft christlichs glaubens gebüren welle zů thůn vnd vnderston, da=[A₂ᵇ] durch auch göttlich gebot erfullet, recht, vnd in keinen weg gesündet sei, sunder des fůg glimpff vnd eere haben vß gebot erlaubniß vnd nachlassung christlicher lere vnd des heiligen ewangeliums, also listig habent sie das götlich gesatz in behilff ires bösen vnd vffriegen fürnemmen, künnen an sich ziehen vnd vff iren nutz verfieren, wie der böß tüffel in ein engel des liechts, vnd die vnwarheit in schin der warheit transformieret, vnd verstaltet, do mit den niderverstendigen in ire hilff zů verfieren. Das sie auch des nit on gewalt durch zůtrucken vergebens vnderstanden, dem durchlüchtigsten adel deütscher nation ein solchs specklin vff die fallen gebunden, vnd das helmlin vnder der nasen gezogen sie reisig zů machen, vnd inen beistendig zů sein, mit dem gekritzlet zů erwecken, wie

1*

der römsch hoff mit gelt beschwerden daz beütsch land erschöpffe, vnnd vnser vermügen der massen bssüge mit annaten, vj. monnaten pfrůnden zů verleihen, mit andren listen die pfrůnden an sich zů ziehen in krafft des bots eines der vff dem weg gen Rom stůrbe, oder der familiariter, vnd beütsche Cardinel zů machen, vnzelich gůt von dem palium zů nemmen, vnd für die bestetigung der Bischöff, auch coabiutores zů machen, reich aptien in commenden zů beuelhen, vnleibliche pfrůnden leiblich zů machen, zů incorporieren vnd vereinigen, administratores zů setzen, Reseruata vor zůbehalten, Pectoralem reseruationem zů erdichten, mit pfrůnden kauffen, verkauffen, wechslen, bauschen, rauschen, mit liegen, triegen, rauben, stelen, brachten, hůrerey, büberey, allerley weiß gots verachtung, mit manch-
[A₃]erlei schinderey, ablaß zůgeben, selen vß dem seg feür zů verkauffen, abplaß briessen, dispensieren, butterbrieffen Confessional. ꝛc. Vnd silen dergleichen so hoch angeklaget würt in einem bůch der beütsch adel genennet, würt deiner Keiserlichen, Hyspanischen vnd ꝛc. maiestabt, in aller demietigkeit zů verstanden geben, daz wir solche fürgewante mißbruch vnd vnbadten, wo im also were nit vnderstond zů verantwurten, dan wir des kein beuelhe haben noch bericht von bepstlicher heilikeit, in eincherley weg zů verdretten oder zů beschönen, dan wir wol ermessen kinnen vnd verston, daz sich niemans billicher beclage, dan der da leidet vnd beschweret ist, Aber daz klagent wir deiner durchlüchtigisten genaden maiestat vnd christlichem hertzen, mit sampt den durchlüchtigsten Churfürsten, fürsten vnd herrnn geistlich oder weltlichs stats, das solche beschwerden der beütschen nation durch Martinum Luther ein warhafftigen Cathelinam vnd on zweiffal ein zornigen vnbesinten man, mit solchen vngeschickten, vnchristlichen vnd vnwarhafftigen mitlen fürgeschlagen werden, das niemans zwifflan mag, er nem solche beschwerden des römschen mißbruchs, fur ein behilff, vnd ein specklin vff die fallen vnd zů einem deckmantel, vnseren christlichen glauben vmb zů kören, siegluch sein gifft vß zůgiessen vnd hussisch, wicklöffische botschafften zů verkünden, mit den böhemen, moscouiteren zů vereinigen, ein hantfoll leüt vff daz er

vnß von aller andren cristenheit die on zal ist, absündre, lerne ein küngkrich zů einigen, vnd ein keyserthům zů verlieren, ein vnsiniger mensch der bapst [A₃ᵇ], keiser, bischoff, vnder, ober, sampt der gantzen karten, der massen stot zů vermischen, das kein erwürdigs angesicht eincherlei ordenung in christlichem glauben erfunden werd so doch vß kriegsleüffen erfaren ist, das nidergang der ordenung ein fal sey ernstliches fürnemmens. Darumb deiner durchlüchtigen maiestat, demietig fürgewendet würt, mit sampt allem deinen durchlüchtigen adel, christliche augen vff vnseren glauben zů werffen, in dem wir verhoffen selig zů werden, behilffliche hend an zů schlagen, vnser götlich vnd vätterlich gesatz durch Cristum Jesum vnseren herren zů beschirmen, vnd denen bösen radtgeben, in solchem nit wilfüren, vnd in allen andren darin christlicher gelauben möchte geletzet werden. Erstlich gebiete das sich diser Chatelina mit sampt seinem anhang, massen vnwarhafftige irrungen zů erwecken den glauben in christlicher krafft lassen růwen vnd beleiben, ein zimliche bit mit beiden oren von einem christlichen Keiser zů erhören, vnd so sie das nit wellent gethon haben, sunder christlich geredt, vnd solche nüwe sunnd vnd ernüwerung billichen erwecket, solches durch dein grosse macht zů rechtfertigung für den gelörtsten des glaubens kumb, vnd zů verhör und vßspruch, allein mitler zeit dissen vffrierigen nit gebüre hanß karsten vnd die vnuerstendig gemein so bald zů bösem alß gůtem anzůzünden, vnd in schellige flammen zů bewegen, vnpartheische richter zů setzen, welche zů erwelen, niemans billicher dan dir zů ston wil in kur vßzůsprechen vnd zů verordenen, mit nammen, so dise vffrierigen, süne des vnfridens yederman argkwenig erachten, vnd in mißtruwen allen [A₄] winde förchtent von einem vff das ander appellieren biß vff das iungste gericht, das sie mitler zeit, mit verhengktem zoum vnseren glauben mit irem gifft vnder dem honig verkaufft durchrennen vnd zertrennen mögen. Welche christliche bit vnd billiche hoffnung in dich einen christgleübigen, menschlichen, vnd angeborner art gütigen fürsten vß östereich, so du zů hertzen verfasset, vnseren glauben deine vnd vnser alle seligkeit beschützen würdst vnd beschirmen, da mit deines anherren

Maximiliani vnsers on sein gewonliche titel, lieben, früntlichen vnd vetterlichen künig art, aber vnd gemiet nachfolgent erfülleſt, in die fůßſtapffen deiner frummen elter onb vorfaren britteſt, Ich geſchweig gottes gebot daran biegeſt, dir in das ewig leben erſchüßlich vnd zů dem ewigen keiſerthům dienent.

Seint darnach zů dem andren (ſo chriſtlicher glaub (alß vnſer augapffel) vngeletzet belibet, etliche beſchwerden, bürden, vnd vnleidliche tirannei der beütſchen nation zů nidergang vnd verderpniß erdichtet, das ſei von wem es wel vff erden gefreuelet vnd vnberſtanden, wel dein Keiſerliche maieſtat vnd genad, mitſampt den durchlüchtigen Churfürſten nach gelegenheit der ſachen zů hilff kummen, troſt, ſtür, vnd hilff beweiſen, von wegen der erſchöpfften hoffnung zů deiner fürſichtigkeit entpfangen.

Vnd zů dem dritten doctor Martinus ſachen, ſeine ſpen, zenck, vnd häder, erſtlich von der ſachen des glaubens abſůnderen. Zů dem andren auch von dem fürnemmen vnd anklagen der bepſtlichen mißbrüch, das alſo die ſach vnſeren glauben betreffen, von geſetzten [A₄ᵇ] richteren von deiner gnaden ein richterlichen vßſpruch vor allen dingen erlange.

Darnach zů dem andren, in den ſachen der mißbrüch durch deine fürſichtikeit mit ſampt den durchlüchtigſten Kurfürſten erkennet werd. Vnd zů dem letſten doctor Martinus zenck vnd häder auch richterlich liit klag vnd antwurt hingelegt werden, nach deiner genaden gelegenheit, erkentniß vnd betrachtung, ob ſolches durch ein Concilium, oder ſunſt in andre weg, mieg, gröſſeren koſten vnd ſchaden zů vermeiden geſchehen mög, vnd vff daz geſchicklichſt vnberſtanden werde. Vß welcher vnſer chriſtlichen vnd demietigen bit dein Keiſerlich genad erachten mag vnd erkennen, das wir als geborne beütſchen auch kein gefallen daran haben, wo vnſer vätterlant der maſſen ſolt vnbillich erſchöpffet werden, es wer doch von wem es wöll, allein daz zů hertzen faſſen, was recht ſei zů thůn, rechtlich geſchehe, on ſolche vffrüren, letzung vnſers glaubens, vnwarhafftige reden, ſunder durch geſchickte mittel durch deine fürſichtigkeit ſolche ſachen ermeſſen werden. Dan ſeittenmal der mererteil obgenanter mißbruch vnd beschwerden allein die pfaffheit betreffen, ire mentel bezalung, befestigung der bischöff, verordenung der pfründen, coadiutorien, abbatien, commenden wie nach der leng vnlangs erzelet ist, wellent die hochuerstendigen ie vermeinen, es welle dir alß einem weltlichen keiser, billicher gebüren, erstlich vnd vor allen dingen die sachen das gemein reich betreffen, stett land vnd leüt zů besetzen, in friden vnd fürsichtiger ordenung, dan gleich anefenglich [B₁.] alß ob du allein der pfaffen keiser erboren vnd gesalbet inen behilfflich (vnd filicht mit des gantzen reichs kosten) vffwischen soltest, das sie ire mentel dest wolfeiler kaufften, vnd ire pfründen leiblicher mit einander beileten, wil hie erachtet werden, das solches noch wol kumpt, wen daz korn zeitig würt, geben wir deiner keiserlichen genaden vnnd fürsichtigkeit alles zů ermessen. Allein wie vor vnsere demietige bit ist, vnsere christliche warheit vnd gelauben zů beschirmen vnd beschützen, vnd vngeletzet zů verhieten.

Seint darnach andre hendel vnseren glauben nit betreffen, alß daz zů fil münch vnd pfaffen seient, vnd das ir stat der christenheit nit not noch erschüßlich sey, vnd daz man etlich kirchen vnd klöster zerstöre, vnd fil andre der gleichen, geschehe darin nach erkentniß deiner gnaden fürsichtigkeit vnd gemeiner christenheit, dan wir ie kein andre meinung in disem biechlin für vns haben, dan vnseren christlichen glauben zů verfechten vnd niemans seiner mißbrüch zů verantwurten. Das wir aber weder Martino luther noch iemans anders mit der vnwarheit nichs begeren zů zůlegen, wellent wir iu disem biechlin seine irrung deiner keiserlichen genaden entdecken, vnd darüber antwurt allein geben, dan wider in zů arguieren habent wir vns in andre biechlin vorbehalten, vff daz in solcher red vnd widerred dein Keiserliche genad bazwarhafftigst mög ermessen vnd vßsprechen, welche deine genad bitten wir got daz er sie vnß lang in friden vnd freiden verleihe. ꝛc.
[B₁ᵇ]

Ein vorred zů Doctor
Martino luther

Es solte sich dein billich (Martine luther) gemeine christenheit erfreüwen alß eins besunderen gelerten mans, wo du deine kunst vnd durchlüchtige vernunfft, nit brüchtest zů nidergang deines vatterlants, vnd zerstörung vnsers glaubens vnd vetterlichen gesatzes, auch mit dem schwert der geschrifften letztest dich so bald alß iemans anders. Darum, wir für solches ere erbieten, so wir dir deiner vernunfft halb pflichtig weren zů beweisen, vns leider gegen dir alß einem abgesagten findt erweren müssen, vnd briederlichen lentlichen gunst, in ein vngunst verendren, wider vnsers hertzen willen, dan wir ie lieber dein lob, ere, vnd briß, alß eins gebornen beütschen vnd geschickten mans sehen vnd fürdren wolten, dan dein schand, wo du nit also mit vngewaschnen henden in dein vnd vnseren christlichen glauben gegriffen hettest, vns verursachet zů beschützung der warheit, keiser, künig, fürsten, vnd herren wider dich an zů rieffen, so du dich nit schammest vnseren frummen Keiser vnnd allen durchlüchtigen beütschen Adel an zů rieffen, zů beschirmung deines vnwarhafftigen, vffrierigen, vnsinnigen, vnd freuelschelligen fürnemmens, hettest sie wol zů grösseren eren gesparet, dan daz sie dir hilffen, deine vnchristliche lügen zů bestetigen, vnd dein vnuernünfftigs vnerlichs vnderston durch zů drucken, dich selb zů einem ratgeben gemachet, wider [B₂] den alten spruch, so du von niemans darzů erbetten bist, vnserem iungen frummen blůt vß östereich vnd angonden Keyser, schellig, gleich angonds vnd in anefang seines reichs geradten dem bapst zwo kronen zů zucken, er hab noch mit der dritten genůg vnd nur zů fil, alle Cardinel ab zů thůn, es sei gnůg mit xij. kirchen, klöster zů zerstörung. alles geistlich recht ab zů thůn, vnd ein radten hauffen darauß zů machen, daz kind mit dem bad vßzůschütten, küw mit dem kalb zů metzgen, ein warmen anschlag, freilich in der batstuben geschehen, daz er also hitzig vßhin geng, mit dem iungen adel künig Roboam in anefang seines reichs geraten ein vol streng lauffent wasser vnd den gantzen Rein geweltig eins malß zů widertreiben stich, mord, hauw, schlag, oben vß vnd nienent an, nicht dan ein schelligen, vnfürsichtigen kopff erzeiget, dem billich niemans volgen sol, er welle dan land vnd leüt verderben, also daz ich festegklich gelaub, hettestu der östereichschen fürsten angeborne art gewißt vnd erkennet, du würdest vnserem fridsamen blůt vß Östereich solcher vffrüren nit geraten haben, dan sie zů blůtvergiessen nie neigung hetten, es mieste dan sein wyder iren willen, vnd solches wiltu alß ein hoffnar, vnd in narren weiß gethon haben, iuffs beding von einem geistlichen man in solchen sachen die leichtfertigen wörter zů treiben, vermeinest wo du fil verwirrens, vnwarheiten, schmachbeweisung vß gegossen habest, als dan hettestu iederman die schellen anknipffet, vnd wie Erasmus Roterdam. der auch in der gestalt eins narren die warheit redte dan daz es dir nit so wol alß im angestanden ist, darumb dir alß einem narren wie Salomon [B₂ᵇ] spricht sol billich nach deiner narrheit geantwurt werden, vff daz du dich nit für einen weisen achtest, dan deine gewonliche tittel alß einen doctor vnd geistlichen man, hettent wir bir billich geben, wo du dich nit in einen narren transformieret hettest, Darumb vns gebüren wil dem narren seinen kolben zů zeügen, dan bir in warheit, solche narren weiß ie vbel an stot, daß du Julium den bapst ein blůtsuffer nennest, vnd den ietzigen bapst mit den seinen ein dieb, ein lecker, büben, vnd deren gleichen schmeheliche wörter, vnd hippenbiebsche, dan wa du ie etwas wider in vermeintest zů haben, wer dir eerlicher, geistlicher, züchtiger, vnd frümlicher angestanden, yn mit seinem gewonlichen nammen zů melden, vnd deine klag wider yn mit christlicher messigkeit für zůtragen, an ort vnd end da solches möcht gebesseret werden, vnd dir geholffen. Wilt vnseren iungen vnd angonden Keiser vnd regierer vfferwecken, wie du sagst wider die fürsten der hellen, vnd nennest daz ein spil, welches so es nit mit gottes forcht angefangen würb die gantze welt in dem blůt schweben solt, dů wilt vns ie zů einer grossen vffrüren bewegen, ich sihe aber niemans der deinem sturm zůlaufft, spieß oder hellenparten zucke, oder so du unsinnig bist der mit dir wel schellig werden, Alß freilich die wol wissen, daz alles so du fürwendest zů reformieren vnd besseren on alle vffrůr, mit der zeit vnd mit gůter mussen durch fürsichtigkeit vnsers edlen Keisers vnd vnserer Churfürsten mag gebesseret werden, vnd in ein leibliche form vnd gestalt verordenet.

Darumb wir es gentzlich dar für haben, das du den [B₃] obgenanten fürsten vnd herren ein klein gefallen beweisest das du also die gemein vnderstost, mit filen důtschen biechlin zů erheben vnd vffrůrig zů machen, vnd doch wol wissen soltest, wo sie zůsammen lieffen, alß bald inen selber etwaz fürnemmen dörfften vnderston, alß bald, sie dir volgten, damit dich mit kurtzen worten wil ermanet vnd gewarnet haben wider die keiserlichen verbot die sachen vnsers glaubens vor den vnuerstendigen nit zů disputieren vnd in ein zweifal zů berieffen, wellent wir alle an dem karren schalten das dir dein so manigfeltig missedabten vnd schmach beweisen genedig verzigen werd, dich verendrest in christlichere messigkeit, vnd mit vns in got den herren in riewigem hertzen loben mögest Amen.

Das der welttlich stat die geistlichen richterlich, weder zů straffen noch zů vrteilen hatt.

Ales so du bißhar vnderstanden vnd fürgenummen hast, dem würt gelaupt in rům vnd versierung deiner wörter daz du dich alwegen so hoffertig pflegst der götlichen geschrifft zů riemen, alß du an filen orten, vnwarhafftig sprichst, das sag dein ewangelium, dein christus, dein bibel, dein Paulus, das aber mengklich mög erkennen das du in keiner geschrifften gesundieret bist, sunder fil irriger, vnd schwetziger, vnd einem christen vnd geistlichen man hoffertiger reden die vnuerstendigen allein verblendest, wil ich ansahen in dem nammen des herren [B₃ᵇ] dir zů antwurten vnd nit zů arguieren, dan wir vnß daz selb vff ein andren platz vorbehalten haben.

Erstlich, vff das du dein vngunst gegen den Romanischen erzeigest, sprichestu daz sie erdichtet haben, wie dreierley stend seient, ein geistlicher, adelicher, vnd peürscher welche drey stent der massen sollent vnderscheidet sein, daz der weltlich adelich oder pürisch den geistlichen nit hab zů straffen, sunder harwiderumb der geistlich die andren zwen, vnd da mit wellen sich die romanischen beschirmen alß hinder einer muren daz sie vngereformieret beleiben vnd iren můtwilen vnstrefflich dreiben mögen.

Das wiltu nun hoch widerfechten nach deiner gewonheit vß der heiligen geschrifft, vnd bringst sant Paulum har. ad Cor. xij. der sag das wir alle ein corper seyent, an dem ein iedes glid sein eigen werck hab vnd Cristus das haupt sey, wir haben auch all ein ewangelium, ein tauff, ein glauben, da durch wir alle geistlichs stadts, Darumb auch nit war sey das drey stend seient, sunder nit mer dan ein geistlicher christlicher stant aller gemeinen christenheit, darumb auch die ietz weltlich stants genant seint aber warlich geistlichs, christlichs stants, den ietz genanten geistlichen statt alß ire mitglider zů straffen vnd zů besseren haben.

Darzů gib ich ein antwurt mit solcher protestation das ich weder die Romanischen noch niemans anders in seinen vbeldadten verfechten vnd beschirmen wil, oder in seinem mütwil halßstarck machen, allein zů gegen den vnwarhafftigen vnd vnchristlichen reden geantwurt haben will. [B₄]

Erstlich vff das fundament gon, vnd sag das es nit wor sey das nur ein stadt sey, der ein geistlicher gemeyner christlicher stadt genant sey, es sint sich auch nit der in götlichen noch menschlichen biecheren, doctor Luther wurdt auch sein leptag nimmer also gelert das er des eincherley gschrifften zeigen mög, dan das er anzeigt sant Paulus .i. Cor. xij., Ad Roma. xij. vnd .i. Petri .iij. Das seint drh ort der angezeigten heiligen geschrifft da mit er wil beweisen das nur ein geistlicher stadt sey, Nun sol mengklich wissen das .i. Cor. xij. also stat geschriben, Warlich in einem geist seint wir alle in eine versamlung, den ich corpus nit anders den ein versemlung deütschen sol, wir seient iuden oder heideu, eigen oder frey, vnd seint alle in einen geist gedrenckt worden, wer ist aber vff erden also kindisch, der da nit verstand das in denen worten nit mag beweret werden das nur ein stat sey, es stat wol da das wir in got einer verſamlung ſeÿent, aber nit eins ſtandts, es iſt in einer ſtat auch ein verſamlung der burger, noch iſt da mancher ſtadt vnd würdigkeiten der perſonen, er nent das wort corpus zů bütſch an dem ſelben ort ein leib, vnd ſolt es warlicher ein verſamlung beütſchen, dan ob wir ſchon ein leib mit Criſto Jheſu vnſerem haupt machen, ligt es doch an dem tag das der leib nit anders dan ein verſamlung gleicher weiß ſoll verſtanden werden, alß man ſpricht corpus capituli die verſamlung des capitel, Wie gar mißverſtendig brucht er die latinſche ſprach das er corpus vnnd [B₄ᵇ] ſtatus für eins nimpt, den leib oder verſamlung, vnd ein ſtat iſt zweierley. So nun diſes von im angezeigt ort der heiligen geſchrifft nit ſagt das wir alle eins ſtats ſeÿent ſunder in Criſto einer verſam-lung, da bei mag mengklich verſtōn daz er wie hie ſo auch ſchier an allen orten die heilige gſchrifft fürwent, wider iren eignen ſyn, dan weder die wörter noch der verſtant geben mögen, wan man ſeinem allgieren glaupt ſo het er recht, ſůcht man aber hinder ſich in der heiligen geſchrifft, ort vnd end, ſo er angezeigt hat, ſo iſt es lurtſch vnd nit alſo wie er ſagt.

 Item er weiſet zů dem andren Ad Roma. xij. da ſtat alſo geſchriben, Alß wir in einem leib fil gelider haben, vnd aber alle glider nit ein werck thůnt, alſo ſeint wir alle ein verſamlung oder leib in Chriſto. So es nun nit war iſt das wir ein warlicher leib mit chriſto ſeindt, dan in einner gleichniß, das iſt ein verſamlung in einig-keit Chriſti verfaſſet, ſolt er corpus nit für einen leib, ſunder für ein verſamlung verdeütſchen, doch laß das kein ſpan ſein, vnd werd hie geredt, das wir in chriſto all ein leib ſeient, damit haſtu aber nit beweret das wir alle eins ſtadt ſeient, Sunder haſt nach deiner gewonheit aber eins die heilige geſchrifft vnnd ſant Paulus in das halßyſen vnd vff den laſterbangk geſtellet, den leib vnd ſtadt iſt zweierley, erbüt ich mich für alle gelörten vff erden, vnnd iſt diſer text mer wyder dich dan mit dir bran, dan er ſpricht das wir ein verſamlung ſeint, Doch mancherley glid alſo das iedes ſein eÿgen werck [C₁] thüg, das ſol billich wider dich verſtanden werden, dan dein

meinung wer, daz der weltlich des geiſtlichen werck thůn
ſol, daz iſt die weltlichen ſeien pfaffen vnd pfeffin, das
ſie in dem tauff empfangen haben, vnd wan du deinem
Paulo volgtſt, ſo lieſſeſtu ein iedes glid ſein eigen werck
thůn, die augen ſehen, den magen deuwen, die füß gon,
vnd die hend greiffen.

Das brit ort .i. Petri .iij. ſo du anzógſt in ſant
Peters ſendbrieffen ſtot weder von leib noch von dem ſtat,
vnd nit weiter, dan daz wir in dem glauben einmütig
ſein ſollen, daruß würſtu nimerme beweiſen, daz nur
ein ſtat ſei vnder allen criſten. Darum ich ietz iederman
wil gewarnet haben, wan du etliche órter der heiligen
geſchrifft anzógſt, zů behilff deiner reden, daz man dir
das nit glaubt ſunder an angezógten orten vnd enden ſich
beſůchen, ſo werden ſie in warheit befinden, daz du dich
der heiligen geſchrifft wider iren ſinn hoch mißbrucheſt,
vnd felſchlichen den armen vnuerſtendigen zů verblenden
fürwendeſt.

Wilt weiters den weltlichen ſtat, ober den geiſtlichen
bewegen, als ob ſie ſolche criſtliche růt die ſünden zů
ſtrafen billich an den geiſtlichen bruchen mógen vnd ſolten,
laß ich ſton in ſeinen werd, das můß ich aber da bei
ſagen, Iſt es ein criſtliche růt, ſol man ſie criſtlich vnd
nit vffrürig noch mórderiſch bruchen, ſunder nach der leren
criſti . Mathei .xviij. vnd Luce .xvij. Sündet dein brůder
in dich, gang hin ſtraff in zwüſchen dir vnd im, würt
er vnſträfflich erfunden, ſo nim einen oder zwen zů dir
in krafft einer kundtſchafft, hóret er die alle nit, ſo ſag
das [C₁ᵇ] der oberkeit der kirchen. ꝛc. Alſo ſol diſe růt
gebrucht werden, das iſt aber deiner meinung nit, ſunder
daz ir mit buſonen vnd trumeten allein vmb die ſtat
Hiericho giengen, vnd eilends die gantz ſtat verfiel in eſchen,
den dein zornigs gemüt wer, das man den blunder allen
ſchnel in eſchen legt, bald feierabend macht, daz man noch
by hellem tag in das bad gieng. Es ſein ſunſt vil ſtraſen
vnd weg vſſenwendig deins fürwendens, da mit die geiſt-
lichen von dem weltlichen mógen bezwungen werden von
vbelem ab zůſton, dan die keiſer vil ſtet mit gewalt zů dem
criſtlichen glauben bezwungen haben . Aber das ge-

stand ich nit, das sie daz mit richterlichem gewalt macht
haben züthůn, daz soltu probieren vnd beweisen, vß der
heiligen geschrifft, als du dich berümest doch noch nit
gethon hast.

Das du aber sprechest das alle cristen seien geistlichs
stands in ansehung ires geistlichen glaubens vnd der ver-
reinigung in cristo ihesu, wa mit wiltu daz beweisen, sie
sein wol eins glaubens, aber nit eins stands. Also
möchtstu auch sagen, wir weren einander all in dem ersten
grat verwant, vnd schwester vnd brüder in einem Adam
vnserm vatter, vnd möcht also keins das ander zů der ee
nemen. Also möchtestu auch sagen, wir weren alle des
adelichen stabs, dan wir einen gemeinen vatter cristum
Jhesum haben, der sein kron in dem blůt erholet hat.
Also möcht ich dem nechsten der me het dan ich, das sein
mit recht anfallen, mit mir zůtheilen, dan wir als brüder
von einem vatter noch in vnzerteiletem gůt sessen, solche
reden spötlich vnd kindisch von dir zů hören, dan ob wir
schon [C₂] eins cristi glider sein, ist dannocht in denen eins
leibs glider ein großer vnderscheid, vnd hat iedes sein
eigen werck zůthůn, wie sant Pau. sagt. In welchen eigen
wercken eins das ander sol vngehindert lasen, da bei merckst
du noch wol, das dein angezögte geschrifft mer wider dich
ist ban mit dir daran.

Sprichstu nachgonds, das vnder allen cristen kein vnder-
scheid sei, dan des amptßhalb. Soltestu billich ansehen
was Pau. schreibt .i. Cor. xij. Das got erstlich in der
kirchen gesetzet hat zwölffbotten, zů dem andern propheten,
zů dem britten doctores .2c. Vnd also nachgonds andere
empter vnd würdikeit vnderscheidlich.

Nun frag ich dich, ob sie in iren emptern ewig seien
oder nit, sein sie in ewiger würdigkeit vnd ampt, vnd
haben das allein von got, so haben sie ein stat wider dich.
Sein sie aber absetzlich, als ban soltu beweren, das sie
daz apostolat, euangelischten, vnd doctorats würdikeit mit
dem ampt ab legen, hie soltestu billich nit also on geschrifft
reden, greiff dieff in das secklin deiner hellischen, ich hab
mißret, deiner heiligen geschrifft, ob du ein blinden text
finden mögest, der dir helff beweren, das die stätlich

würdikeit mit dem ampt hingelegt werd vnd abgang, wan wir das von dir hören, wöllen wir dir ein antwurt geben dan wir deinen leren worten vnd fabelen, als wenig glauben wöllen, als du den vnsern.

Darnach iuffest du mit den heiligen Sacramenten, vnd [C₂ᵇ] vermeinst, so ein bischoff weihe vnd salbe, so mög er wol ölgötzen machen. Also möchtestu auch von den künigen sagen, so man sie weihet vnd salbet, daz man einen ölgötzen vß im mache, vnd wer mit seiner erwölung gnůg. Nun sint man dannocht in dem alten gesatz, das man die priester gesalbet hat Exo. xxix. vnd deßgleichen die künig auch gesalbet. i. re. ix. Ob du aber sprechst. waz gat mich in dem fal das alt gesatz an, wil man in einem das alt gesatz halten, so sol man es auch in dem andern halten, darzů sag ich das wol beschlossen sei, was vß dem alten gesatz vnß zůhalten ist, vnd waz nit, dabei soltu vnß billich lasen bleiben, oder ein anzögung thůn vor bequemlichen richtern, warum nit. Aber das du vermeinst, die zwölffbotten haben doch kein priester gesalbet vnd wie wir der massen verordenet, sag ich also das du das beweren solt, dan dir nit wil gebüren ein solchen löblichen bruch von der zwölffbotten zeiten vff vnß erwachsen zů verleugnen on vrsach vnd die heilig geschrifft, wir allegieren daz alt harkumen, das wir von den zwölffbotten erlernet haben, was allegierestu dar gegen wöllen wir gern von dir hören. Spriechstu aber es stand nit in dem euangelio, sag ich da bei es stot doch auch nit in dem euangelio, daz cristus vnser her zů der hellen sei gefaren, vnd ist dannocht in dem artickel vnsers glaubens von den zwölffbotten empfangen von gemeiner cristenheit, es sein noch me ding durch cristum vnd die .xij. botten geschehen dan in den euangelien vergriffen sei. Darumb es mich von dir ein vnsinnikeit dunckt nit für ein warheit, vnd löbliche gewonheit zů zůlassen, dan daz [C₃] in dem euangelio geschriben stand. Sprichstu dan ich laß vil ding offenwendig dem euangelio zů für seinen werd, vnd für menschliche erdichtung. Sag ich weiter das es für kein menschlich erdichtung mag geschetzt werden was durch ynbildung des

heiligen geiſts hie iſt, ſunſt weren alle prophetyen menſch-
lich erdichtung, ſolt auch nüt den allein das euangelium
den zwölffbotten vnd der criſtenheit not geweſen ſein, warzů
wer dan on not der heilig geiſt geſendet worden, dan ſy
ſich des euangeliums wol hetten mögen behelffen.

Das der biſchoff ſo er weihet an ſtat der gemein für
prieſter erwöle. Luter wa bleibt dein heilig geſchrifft,
damit du das bewereſt, ſollen wir allen deinen leren worten
glauben, ſo wereſtu vnſern worten auch ſchuldig zůglauben,
dan vilen iſt in gleichem fal ee zůglauben, dan einem.
Darum zeug vnß durch die geſchrifft an, daz der biſchoff
des gewaltt hab an ſtat der gemein zů thůn, oder das
im des got an ſtat der gemein befolhen hab. Ich finde
wol, das criſtus vnſer her zwölffbotten vnd prieſter geſetzt
hat, das er aber das an ſtat der gemein gethon hab, daz
finde ich nicht.

Demnach ſprichſt du, werden wir alle ſampt durch
den tauff prieſter geweihet. Wie .i. Petri .ij. geſagt iſt,
vnd ſein ſo pfaffen ſo auch pfeffin. Darzů ſag ich, das
du aber die heilig geſchrifft brucheſt, anders dan der ſin
vnd der verſtand lautet. Dan ſant Peter ſchreibt zů etlichen
da beſtimpten criſten, daz ſie ſeien ein vßerwelt folck, vnd
ein küniglichs prieſterthum, alſo dolmetſch ich ſacerdo-[C₃ᵇ]
tium, vnd du ſelber auch, da durch haſtu nit bewert daz
ieder in dem prieſtertum begriffen, ein prieſter, pfaff oder
pfeffin wer, als ſo ich ſprech, wir teutſchen ſein ein vſſ-
erweltes keiſerthům, daruß folgt nit daz ein ieder in
vnſerem keyſerthům begriffen, ein keiſer oder keiſerin ſy,
oder tütſch es gleich alſo, ir ſein ein vßerwelt folck vnd
ein küniglich prieſterſchafft, iſt gleich alſo vil geſagt, als
ob ich ſagte. (Vos eſtis imperiale regnum.) Jr tütſchen
ſein ein keiſerlich reich, daruß iſt noch nit geſagt, das
ein ieder tütſch ein keiſerlicher künig ſei, es volget vil ee
vß diſſen worten ſant Peters daz dir nit lieb iſt, das
der bapſt der vnſers criſtenlichen prieſterthůms die höchſte
oberkeit, iſt ein künig ſei zů achten, daz wilt aber du
nit zůlaſſen. Ich bit dich doch durch got, ſo man ſpreche,
ir tütſchen ſein ein vßerweltes keiſerthům, ob daruß
folg, das ieder tütſcher ein keiſer oder keiſerin ſei, ſag

nein. Ach also wenig folgt auch das nacher, ir cristen sein ein vßerwelts pfaffentum oder priesterthům, das darumb ein ieder crist ein pfaff oder pfeffin sei.

Die ander heilige geschrifft damit du beweren wilt, daz wir durch den tauff alle pfaffen vnd pfeffin seien, ist in apocalipsi. daz ist in dem bůch der heiligen offenbarung. c. ij. Sprichstu stand also geschriben durch sant Johannes, du hast vnß gemacht durch dein blůt zů priestern vnd künigen, ich wolt es gern by deinen worten lassen bleiben, so folgt hernach als wenig ein ieder künig were, als wenig wer ein ieder priester. [C₄] Es ist aber nit war das geschriben stand wie du sagst, sunder also. Er hat vnß gemacht ein reich, vnd priester got vnd seinen vatter, wer in einem reich ist, der ist darumb kein künig, wie aber das sol verstanden werden, daz er vnß priester gemacht hab, zögt sant Peter vorgonds an, daz vnß got zů einem priesterthům gemacht hat, daruß volgt aber nit, das ieder in dem priesterthům begriffen ein priester sei, als wenig als so man sprech, der keiser hat vß dem Würtenbergschen land ein hertzogthům gemacht, das ieder Würtenberger ein hertzog wer.

So du nun aber hie zwei mal die heilig geschrifft nit nach irem sin vß legst, sunder wider iren verstand gewaltigest, wil ich zů dem anderen iederman vor dir gewarnet haben, wa du die heilige geschrifft allegierest, daz dir niemans glauben geb, sunder ort vnd end sůch, die du anzögest, so würt es erfunden, das dein sach off můtwilligen reden stond, vnd in keiner heiligen geschrifft gefundiert. Und kan also bei keiner warheit beston, das der tauff pfaffen oder pfeffin weihe, oder du müstest das anders beweisen dan mit disen geschrifften.

Das aber nicht alle christen gleichen gewalt haben, so vil die priesterschafft betriffet, gibt das ein anzögen, das cristus vnser her allein zů den zwölffbooten geret hat, nemen den heiligen geist, vnd wem ir seine sünd verzeihen, dem sollen sie verzigen sein. ꝛc. Wa hat Maria die můter gottes sich des priesterlichen [C₄ᵇ] gewalts vnderzogen so

du doch sprichst, sie sei als wol als alle andern ein pfeffin,
oder zög vnß an, ob du sagen woltest, sie wer dar zů nit
erwelt gewesen, wa sein ie frauwen zů priesterlichem ampt
in der cristenheit erwelt worden das so du nit anzögen
kanst, laß ich es für ein vnwarhafftige reden ston, das der
tauff alle cristen pfaffen vnd pfeffin mach vnd des halben
inen gleichen gewalt geb.

Fürest darnach vff ein falsche red, ein falsches exempel
yn, als so zehen geborne brüder eins künigreichs gleich
erben weren, wer doch allein der erwölt in bruch des
künigklichen ampts, wie wol sie alle künig weren, vnd
gleichen gewalt hetten. Hie gibstu dein vnwissenheit hoch
zů verston in villen stücken, doch in dem daran wir ietz
sein, so zög mir an, das wir gleich erben seien der priester-
schafft. Ich find wol daz cristus seine priester erwölt hat,
vnd nach der erwölung inen den gewalt geben des priester-
lichen ampts. Aber ich find nit, das sant Peter die
priesterschafft von seinem vatter ererbet hab, vnd allein
von cristo (on weitern gewalt geben) darzů erwelet sei,
dan die cristlich priesterschafft ererbet sich nit, wie in dem
alten testament.

Gibst zů dem andern noch einen falschen exempel,
noch ein vil felschers, als so ein heufflin frumer cristen
gefangen würden, vnd in ein wüstenei gesetzt, die nit bey
inen hetten ein geweiheten priester, von einem bischoff,
vnd würden alle da der sachen eins, erwölten einen vnder
in, er wer eelich oder nit, vnd befilhen im das ampt
zů teuffen, meßhalten, absoluieren, vnd predigen, der wer
[D₁] warhafftig ein priester, als ob in alle bischöff vnd
Bäpst hetten geweihet. Doctor Luther, wa ist ietz dein
heilige geschrifft, deren du dich alle zeit so hoch berümest
waz du sagst, das sei die heilig geschrifft, durch welche
geschrifft wiltu vnß biß beweren. Hörstu nit, wa stots
geschriben, das der solcher masen erwölt ein priester sy in
dem fal der noturfft, es ist auch da kein solche noturfft
dan allein in dem tauff den mag ein ieder crist geben, er
ist aber darumb nit ein pfaff, des absoluierenßhalb vnd
der andern. ꝛc. Ist got vff die Sacrament gebunden,
würd inen kein nachteil an irer selen seligkeit bringen ob

ſy ſchon kein pfaffen hetten. Darum wir dich bitten, wan
du vnß antwurtſt, daß du beine heiligen geſchrifft baß
anſeheſt, dan in der vnſern finden wir nit, daz einer der
maſſen erwölt ein warhafftiger prieſter ſei, als ob er ge=
weihet wer.

Darnach ſprichſtu daz vff diſe weiß die criſten vß
dem huffen ire biſchöff vnd prieſter erwölt haben, dan
alſo warde ſant Auguſtin. Ambroſius. Ciprianus biſchoff,
das wie es von ſant Ambroſio nit war iſt, alſo iſt es
auch von den andern nit gleublich, dan wir von ſant
Ambroſio finden, das in der zwitrachten der arrianer vnd
der criſten durch die ſtim gottes ſei dem folck für ein
biſchoff zů gerieſft worden, der ſtimen hat daz folck nach
gehenckt, vnd in für ein biſchoff begert, aber nit erwölt.

Dieweil nun als du ſagſt dy weltlich gewalt, iſt
gleich mit vnß getaufft, hat den ſelben glauben vnd euangely,
müſſen wir ſie laſſen prieſter vnd [D₁ᵇ] biſchöff ſein vnd
ir ampt zelen, als ein ampt das da gehöre vnd nutz ſei
der criſtenlichen gemein. Ich geſtand dir nit das ein
einicherlei weltlicher gewalt mit vnß getaufft ſei, aber wol
das menſchen die ietz villeicht gewalt tragen mit vnß ge=
taufft ſein, das laſſen wir zů den kein gewalt, ſunder die
menſchen getaufft werden, vß vrſach thů ich die ynred,
dan ich weiß dein vßſchlupff vnd yngeng. Sag an, ich
můß doch ein mal teütſch mit dir reden, macht der tauff
pfaffen vnd pfeffin, wa ſeind die zwölffbotten pfaffen worden
in dem tauff. Sprichſt du ſie ſeien getaufft worden, ſo zög
mir das in der heiligen geſchrifft an, ſunſt glaub ich dir
alſo wenig, als du vnß glaubeſt, es ſtand dan in götlichen
bücheren geſchriben, vnd wiewol ich es ſelb glaub, das
ſie ſeien geteufft worden, noch dannocht was dir recht iſt,
ſei mir billich, du wilt nichts on geſchrifft glauben, ſo
wil ich dir auch nüt on die geſchrifft glauben, ſo du nun
nit kanſt anzögen in der geſchrifft, das ſie getaufft worden
ſein, ſo iſt auch nicht war, das ſie der tauff pfaffen ge=
macht hab. Ob du aber ie wolteſt ſagen, ſie weren ge=
taufft, das glaub ich ſelb, allein wil ich dir damit zů
verſton geben, das vil erlicher ding, vnd noturfftig zů

vnser selen selikeit vnß die zwölffbotten vnderrichtet vnd
gelernet haben, dÿ nit in den götlichen geschrifften ston,
sunder in krafft einer loblichen gewonheit, vnd cristlicher
warheit vff vnß erwachsen sein, wa stat es geschriben das
die müter gottes mit seel vnd leib zů himmel entpfangen
sei, vnd getauffet, deßgleichen die zwölffbotten, wa stat es
geschriben, das [D₂] sie on erbsünd empfangen sei, vnd
vil tusenterlei der gestalt, das wir doch ietz in vnserm
glauben so ernstlich halten vnd glauben.

Hie frag ich alle die Luthern günstig sein, seiten-
mal das sie in der heiligen geschrifft so hoch rümen, daz sie
doch vnß zögen, wa es geschriben stot so einer priesterlich
ampt geiebt hat, vnd ab gesetzet ist, das er wider zů einem
pauren oder burger werd, dan es wil sich im ie nit ge-
büren, wider alle geschrifften biß har gehalten solches on
fundament der geschrifften zůreden dan mit gleicher leicht-
fertikeit möcht auch das widerteil geret werden, das kein
ampt wer die priesterschafft, sunder ein würdigkeit, vnd
ein stand.

Nun wil ich dir zu gefallen daz annemen, wiewol
es nit war ist, das leyen, fürsten, bischöff, geistlich vnd
weltlich, in dem grund vnd warlich kein vnderscheid haben,
dan wie du sagst, sollen sie alle geistlichs stands sein on
allen vnderscheid, dan solcher vnderscheid allein in den
emptern vnd wercken ist, du solt aber hören was daruß
folgt, dan wie die weltlichen, als du sagst, die geistlichen
straffen mögen, darumb das sie auch des geistlichen stands
warhafftig sein, in krafft des taufes, gleicher folg mögen
auch die geistlichen die weltlichen straffen, als ire mit
geistlichen, so sie doch on vnderscheid eins stands seiend.

Es folgt auch weiters daruß, das auch kein ablicher
[D₂ᵇ] stand sei, sunder wer zů einer oberkeit erwelt ist,
so er daz ampt nider legt, so ist er ein bauer oder burger
wie vor, ee vnd er das ampt an nam. Ich weiß aber
wol, das der adel das als vngern annimpt, daz kein stat
des adels sei als vngern die geistlichen hören, das iederman
pfaffen vnd pfeffin seind.

Weiters folgt daruß, das man ein priester vnd geistlichen als billich Keiser, künig, hertzogen, graffen, ritter oder knecht macht, als ein edel man, dan du sprichst wir seien alle eins geistlichen stands on vnderscheit, vnd sol mit der weiß die geistlichen als billich daz weltlich schwert tragen, als es ietz die weltlichen tragen, das werdet aber sie vngedultig hören, nun folgt es alles uß disen deinen worten. Das aber deine folg nit war sei, gib ich dir dein eigen exempel wider dich. Sant paulus spricht, wie ob gesagt das wir alle eins leibs sein, vnd cristus vnser haupt doch hab ein iedes glid sein eigen werck, also sol der priester nit thůn daz werck des adels, vnd der adel nit thůn die werck der bauren, vnd der bauer auch nit thůn die werck der priester vnd des adels, als wenig als ein leib, ein glid dem andern in seinem werck zů hilff kumen mag vnd kan, die hend mögen vnd können den augen nit helffen sehen, noch die augen den füssen helffen gon, noch der magen den henden helffen greiffen. Darumb ist dein exempel von den glidern mer wider dich, dan mit dir daran.

Darnach sagstu, das weltlich gewalt von got verordenet ist die bösen zů straffen, vnd die güten zů beschirmen, darzů sag ich kurtz ab, daz solchs nit war sei, das der [D 3] weltlich gewalt darzů verordnet sei von got, vn retst wider dich selb, dan du sprichst, das kein weltlicher stat sei, sunder wir seien alle geistlichs stands. Ich find wol .1. petri .ij. Das vnß sant Peter gebüt, einer ieden menschen creaturen, die ein oberkeit tregt, der sollen wir vmb gottes willen vnderthenige gehorsame beweisen, es stot aber nit da allein dem weltlichen gewalt. Dan wie du sagst sein wir eins stands, so mögen keiser, künig, fürsten vnd herren als wol vß dem geistlichen stand erwölt werden, als vß dem weltlichen, als vor zeiten keiser vnd künig auch priester woren, diß ist auch deiner höchsten vrsachen ein das man dem bapst sol gehorsam sein, nit darum das er von got erstifftet ist, sunder das er den gewalt des schwerts vß gottes ordnung vnd willen fiert zů straff der bösen vnd beschirmung der güten, vnd ist er dannocht ein priester. Wie kanstu dan sagen, daz die weltlich gewalt zů dem schwert von got verordnet sei, vnd nit als wol auch die geistlichen.

Vnd ich můß dich ein wenig baß gürten. Sant Paulus ro .xiij. sagt also. Ein iede seel oder mensch sei der obren gewalt vnderwürfflich. Dan kein gewalt ist dan von got, vnd waz von got ist, daz ist von im geordnet. Darum wer dem gewalt widerspennig ist, der widersichtet gottes ordenung, aber die sich da wider sperren, die erlangen dadurch ein verdampniß. So nun der bapst daz weltlich schwert auch tregt in seinen landen, vnsere drey weltlichen Churfürsten, vnd der merer theil der bischöff in tütschen landen auch etlicher gefürsteter ept, kan nit anders vß den worten Pauli verstanden werden, dan daz sie daz [D₃ᵇ] schwert des gewalts, von got vnd seiner ordnung emfangen haben, vnd sein doch geistliche personen. Wie darffestu dan sagen, die weltlich gewalt hab das schwert zů straffen von got, die geistlichen zůstraffen. So sie nun beide stät, der geistlich vnd weltlich das schwert von gott haben, zimpt dir nicht zwei schwert in einander zů verwürren, vnd har vß har zůmachen, streit ist sinwel, wer weiß welcher den andern strafft oder schlecht, seind aber etlich beschwerden, vnd mißbruch abzůthůn, das mag wol durch fürsichtikeit vnsers keisers, vnd der durchlüchtigen Churfürsten mit gůter můssen, vnd geschickten mitlen abgethon werden, das sich die tütsch nation nit me zů beklagen hab, wie man sie also mit viller nüwer find vnd erdichtung also vnderstand an irem gelt vnd barschafft zů erschöpffen vnd emblöten, also das deins wütenden rats nit darzů not würt sein, man sol dich auch darumb nit hören, dan du durch solchs schmieren vnd specklin on allen zweiffal vnderstast vnsern glauben zů schedigen, vnd böhemische meren zů verkünden, zögst mit den fingern vff das tütsch land, vnd winckest mit den augen vff böhem. Ich hoff zů got, wir tütschen kumen aller beschwerden ein mal ab, vnd wöllen dannocht frum cristen vnd vff vnserm vetterlichen gesatz bleiben.

Des bannes halb das weltlich schwert ir werck thů, vnd kein ban darunder ansehe wil ich an disem ort lassen rügen, dan wir in einem an [D₁]dern büchlin in cristlicher warheit darvon reden wöllen. Das sag ich aber mit vollem mund, das der ban also verachtet ist, vnd würt, daran hat niemans schuld dan die geistlichen vnd bischöff, die in so leichtfertig vnd offt nur vmb drei hasselnuß vnd zwen daubendreck bruchen oder warlicher mißbruchen. Darumb hat sich die geistlicheit diß gar nichts zů beklagen, dan niemans daran schuld hat, dan sie selb, selb thůn, selb leiden.

Mit dem priester der abge-

setzt würt degradiert, vnd weltlichem gewalt vberlifferet, daz er nit me priester sei, das ist gar nit war, dan wa er nach der absetzung meß lese, wiewol er daran vnrecht thet, schieff er so vil in dem ampt der heiligen meß, als ein vnabgesetzter. Es befrembt mich hoch, wa für du dich achtest, das du so vil vngewoner, vngehörter, vnnd vnwarhafftiger reden wider alle heiligen lerer oder den merern theil darffst thůn on geschrifften, vnd weist daz du verargweniget bist, wie du das gifft mit dem honig verkauffest, vnd wir dir billich on geschrifft nit glauben sollen, mit namen so du dich vor deinen günnern in allen büchlin der geschrifft so hoch berümest, das sie offenlich sagen. Doctor Luther redet doch vß der geschrifft, warumb fragen sie dich ietz nicht, warumb du so vil on geschrifft mer schwetzest mit den atzelen, dan du redest [D₄ᵇ] vnd ob du mir wider fürwürffest, warum ich auch nit mit geschrifft anzögt, das ein degradierter priester, sol dannocht priester bleiben, sag ich das es mir als einem antwurter nit gebürt, dan du als ein arguierer solt beweren. Nam actori incumbit probatio vnd nit ich.

Vermeinst es sei zů vil das man die geistlichen so vil frei in dem geistlichen rechten gleich, als weren die leyen nit auch so geistlich gůt cristen als sie, oder als gehörten sie nit zů der kirchen. Warum sol ir leib, eer vnd gůt so frey sein, vnd nit das mein, so wir doch gleich cristen seind, gleichen tauff, glauben, geist vnd alle ding haben. Fragst wa her so grosser vnderscheid kum. Es ist niemans so einfeltig, der hie nit

verstand, das du den leyen zů gefallen redest, vnd wilt
sie in freiheit den geistlichen vergleichen, doch so diß
die warheit vnd den glauben nit beriert, mag ich es wol
lassen ston. Weistu nit wa in ire freiheit des merern
teils her kumpt, so liß das keiserlich recht, vnd das bůch
der leuiten in dem alten gesatz. Warumb redestu wider
die freiheit, die in got vnd die keiser geben haben, vnd
auch nit so billich wider die freiheit dy die keiser den
stetten vnd leyen geben haben. Ich kan auch nit sunder-
liche freiheit der geistlichen finden, schlecht ein leye den
andern zůtod, vnd laufft in ein kirchen, so ist er frey,
so man ein priester todschleger, on alle freiheit von dem
altar nimpt, vnd gibt im sein straff, ich wolt dannocht
lieber ein freiheit haben, so ich iemans erbötet freiheit zů
finden, dan so einer mich erschlieg, daz man interdict hielt.
Darum rech eins gegen dem andern ab, fragst [E₁] fil
vnnützlichs, so můß ich dich auch fragen, worumb gehören
die stül vnder die benck, darumb gehört auch der nidern,
vnder sein obren. Aber vergleich der leyen freiheit, so sie
von bepsten vnd keiseren haben gegen der geistlichen freiheit,
so habent sie tusent mal mer dan die geistlichen, darumb
wir gern mit in duschen wellen, vnd hett daran kein span.
Ich weiß ein freiheit eins zols von keiseren an einem ort
verlihen etlich tusent guldin ein iar vff zů heben, vnd der
sie hatt, darff weder stat, brucken, weg, oder anders besseren,
ich nem die selbig freiheit, vnd ließ dir die so ein priester
erschlagen ist, daz man interdict halte, der leien freiheit
drüfft in die kuchin, so der geistlichen ein lutre bettlerey
ist, vnd nit der senff gegen iren freiheiten zů bezalen, es
verdrüsset mich daz ich dir ober dises dorecht ynreden so
fil geantwurtet hab, so es doch vnseren glauben nit betrifft.

Du sprichst es stant in dem geistlichen rechten, wan
der bapst so schedlich böß were, daz er gleich die selen mit
grossen hauffen zům teüffel fieret, kint man yn dennocht
nit absetzen, daz mieß ein hauptteüffel darin gesetzet haben,
in solcher schedlicher anklag soltestu billich angezeigt haben
an welchem ort vnd end das stünde, dan bir daz niemans
glaupt daz es bin sey, darumb billich erachtet würt daz
du daz dem geistlichen rechten mit der vnwarheit hast

zůgelegt biß du ein anzeigens diegeſt wa es din geſchriben
ſtand, du důſt eben wie Hanß fürtzlin, der wolt buwen
vnd fieng an ein huß gantz abzůbrechen, darnach vber .ij.
iar wolt er ein nüwes buwen, alſo daz er die .ij. iar im
regen ſaß, vnd nit ſo witzig was, das er ſich des alten
huß [E,^{b}] ſolt behelffen biß er ein nüwes vberkeme, mach
vns zů dem erſten ein nuw geiſtlich recht, dan ſo lang
wir das nit haben werdent wir vns des alten behelffen,
vnd dich an ein kerbholtz laſſen ſchwetzen, es ſtat doch ge-
ſchribben v. non mutabis donec plurale videbis, daz iſt
du ſolt die alten ſchů bruchen biß du ein nüw par vber-
kumpſt, vnd alß du ſpricheſt weiters das in den geiſtlichen
rechten ſo fil ketzereiſcher vnchriſtlicher vnd vnnatürlicher
geſatz ſtont die ſolteſtu billichen angezeigt haben, ſo wer
dir doch deſt gewilliger gelaupt worden, darumb můſtu
das billich erdichtet haben, oder ein weiters anzeigen darumb
thůn, aber du ſagſt es ſei nit von nöten, Darzů ſag aber
ich daz ein ieder ankleger billich ſoll ſein anklag in ge-
ſchrifften thůn vnd nit mit blinden worten, zů latin de
edendo, ſunſt möcht ein ieder reden was er wolt, vnd wer
alſo niemans vff erden ſeiner eren ſicher vor vnnützen vnd
leren wörteren.

Wer in ſpennen Chriſtlichs glaubens zů erkennen
hab vnd irthům hyn zů legen.

Wir kummen itz vff die ander můer wie du es
nenneſt, wer in ſpennen vnd zweiſſal chriſtlichs
glaubens hab zů ſprechen, vnd zů erkennen, Sag
ich darzů erſtlich daz in ſpennen des glaubens hab zů
ſprechen niemans dan ſant Peter vnd ſeine nachfaren, daz
bewer ich vß der götlichen geſchrifft actuum .xv. da
fint man daz in vrſprung vnſers glaubens ein groſſe
yrthům entſtanden was, ob zů dem tauff, [E$_2$] auch ſolt
beſchnitten werden, bey vnſer ſelen ſeligkeit da find ich daz
ſant Peter, on alle widerred die irthum hingelegt hat, vnd
in diſer ſachen des glaubens geſprochen, vnd weiters ſant
Jacob ſeinen ſpruch beſtetiget hat, daz er der heiligen
gſchrifft gleichförmig ſey, vnd ein kleinen zůſatz gethon das

man sich hietet vor vnkeüscheit. ꝛc. Vnd hat sant Pau.
selber vnd Barnabas gen Hierusalem gereiset, zů den .xij.
botten, den priesteren vnd den, alten also daz in dem
selben capitel clarlich erfunden würt daz in speennen christ-
lichs glaubens sant Peter gesprochen hab vnd niemans
anders.

 So ligt auch an dem tag vß den worten Cristi iesu
luce .xxij. das Cristus vnser her also zů sant Peter sprach,
Petre ich hab für dich gebetten daz dein glaub nit gar
zergang vnd ersige, Darumb kór dich zů zeiten vmb vnd
bestetig auch deine brieder, Da bey wol verstanden ist, daz
bestetigung in dem glauben sant Peter zůgehóret gegen
seinen christlichen briederen, in krafft der fürbit die Cristus
für in gethon hat. Ich laß mich auch gantz nüt irren
daz du sagst Cristus hab für die andren auch gebetten
Jhīs .xvij. den liß beyde text so findestu ein grossen vnder
scheid vnder der fürbit Cristi Petro gethon, vnd der fürbit
den andren gethon, dan Petro darumb das er in krafft
der bit in dem glauben steiff belibe, vnd die andren seine
brieder móchte bestetigen. Aber den andren darumb, das
sie daz wort christi angenummen hatten, vnd in yn ge-
laubet, des erbüt ich mich off beide text, darumb sag ich
das vß den worten Cristi die bestetigung in dem glauben
allein Petro zůstot, vnd nit den andren. [E₂ᵇ]

 Ich laß mich auch zů dem andren nit hindren das
du sagst diser bapst sey ein vnglaübiger kauffman, tiran,
bieb vnd fil der gleichen schelliger vnd vngeistlicher wort,
dan laß yn ein mórder sein, wil vnß dennocht nit ge-
büren in zů verdammen vnuerhóret, es were auch wider
der teütschen art also leichtfertig einem ieden zů gelauben
vngehóret der widerparthen, darumb so lang wir des
bapst verantwurten nit gehóret haben, so werdent wir yn
dabei lassen beleiben, daz im Cristus geben hat, daz er
die christen hab in dem glauben zů bestetigen, ist er schon
bóß wie du sagst, so seint vor im gůte gewesen, vnd ist
zů hoffen daz vns nach im got wider gůte vetter vnd
prelaten gebe, vnd setz daz zů dem rechten, ob man dir
der anklag wider den bapst geston vnd glauben sol, vnuer-
hóret vnd vnuerantwurt seyn.

Ich sag auch weiter daz solche bestetigung des glaubens in krafft der schlüssel des himmelreichs sant Peter gegeben seint, vnd ist auch nit war das die schlüssel des reichs der himmel der gemein geben seient, dan es stat geschribben, Petre dir wil ich geben. heißt Petre die gemein so hastu recht, ist es aber ein eigner nam, so hant wir recht.

Ich hab nie gewißt das Petrus, ein gemein heißt dan ietz, vnd ob du schon sprechst sie seint doch nach der hant gegeben worden Johannis am letsten capitel der gemein alß Christus sprach, Nemment den heiligen geist welchen ir die sünde nachlassen, darzů sag ich daz an dem ort nit geben seint die schlüssel des himmelreichs, sunder allein der gewalt zů binden vnd entbinden der priesterlichen ordenung anhangendt in dem der bapst mit den andren [E₃] vergleichet ist, darumb můstu andre örter süchen da die versprochenen schlüssel gegeben seient des himmelreichs, doch hab ich daruon weiters geantwurtet in dem bůch von dem bapstenthům vnd der höchsten oberkeit christlichs glaubens.

Du gipst vns daz zů bedencken auch zů bekennen, daz frumme christen vnder vns seint, die den rechten glauben, geist verstant wort vnd meinung christi haben, wer wolt aber daz leügknen, das wissent wir wol, vnd gestonts, Daz aber nacher volge, daz deine lere eins solchen rechten verstants seyent daz finden wir nit, dan wir dich finden irren schier in allen stucken, vnd vß zorn, neid, vnd haß, mer reden, flůchen doben, vnd schelten, dan die warheit ist, aber das von dir nit ein grosse vermessenheit, was du redst also glaubwürdig achtest, vnd alles das wider dich ist verwürffest, du möchtests doch den richteren heim setzen zů erkennen da es dennocht hindennach hinkummen můs, got geb wa für du dich verzollest. Wir glauben auch in gemeine christenheit vnd nit in den bapst alß du vns felschlich zů legst, vnd da bey weiters daz der minst christ ein warheit finden vnd wissen mög durch yngebung des heiligen geists das den aller weisesten des glaubens verborgen ist, alß geschribben stot Mathey .xi. das aber du der selbig seiest dem solche biß har verborgene warheiten eroffnet seyent durch den geist gottes, das glaubent wir nit, vnd wellent do mit nit gefreuelet haben noch dich verachtet, So wir das setzen zwischen vnß vnd dir dem Concilio heym, vnd wellendt darin lassen erkennen [E₃ᵇ] vnd sprechen. Gipst nach der hant dry exempel, das Abraham Sare seiner hußfrauwen hett miessen volgen vnd weichen, Balaam dem essel vß dem der engel redte vnd yn strafte vnd Paulus straffte Petrum das er nit recht ging in dem weg des ewangeliums, vß disen laß ich dir gern zů das die mindren mögen die obren straffen warin sie irren, vnd hab des gar kein span mit dir, das aber dir billich alß Sare, Paulo, dem essel sol gewichen werden, alß dem der die warheit redt wyder den Bapst, da wil ichs vnderscheiden, meinstu in dem glauben, so find ich dich vngerecht, vnd sol dir billich nit gefolget werden, meinstu es aber in etlichen mußbrüchen, vnd beschwerden so der Bapst vnd sein hoff söllent wider recht thůn, das kinnent wir nit versprechen dan wir sein weder bericht haben noch beuelhe, Aber das dunckt mich rechtlich vnd frumlich gehandelt das man in vnschuldig halt biß es mit recht vff yn bracht würde, vnd ob er schon ein mörder were, das man yn laß zů verhöre kummen, vnd mitler zeit in laß beleiben in seinen würdendwie er ist. Zů letst in diser matery, so ich gesagt hab er bapst hab in spennen des glaubens allein mit Petro zů sprechen, můß ich dennocht zůlassen vnd billich das ein gemein Concilium in solchen spennen hab zů erkennen, Dan es stat geschriben ad Gala .ij. das sant Paulus spricht, ich bin mit Barnaba vnd Tito zů den apostelen, priesteren vnd alten gon Hierusalem gezogen in dem span der gleübigen vff das ich nit öblich in dem glauben prediget vnd lernet.

Da bey wol zů verston ist das die selbig versamlung in solchem span hat zů erkennen, wie wol Petrus solche erkentniß [E₄] von Cristo hatt vßzůsprechen, als auch geschehen ist Actuum .xv.

Wer in chriſtlichem glauben ein Concilium hab zů berieffen vnd verſamlen.

Jch kumb darnach vff die drit maur, wer ein Concilium in chriſtlichem glauben hab zů erwecken vnd zů verſamlen, der bapſt oder gemeine chriſtenheit, in welcher fragen, Ich alle lerer zweitrechtig find, etlich ſagen daz ſolches niemans gewalt hab zů thůn dan der Bapſt. Der ander teil des du biſt, ſagent daz in denen worten chriſti, ſündet dein brůder wider dich Mathey .xviij. ꝛc. ſo ſtraff in, zwiſchent dir vnd im würt er dan vnſtrefflich entlich erfunden, alß dan ſol ein ieder gewalt haben ein concilium zůſammen bringen vnd zů erwecken, mit filen der gleichen vnbewereten worten vnd reden, daz die apoſtelen daz concilium zů Hieruſalem gehalten die .xij. botten alle vnd die eltiſten berieffet haben vnd nit ſant Peter Actuum .xv. Wil ich zů dem erſten dir antwurten vnd darnach mein meinung ſagen, Vnd ſag erſtlich daz das ſelbig Concilium die apoſtelen vnd die alten ſollent berieffett haben nit ſtant in dem text der heiligen geſchrifft, vnd mißbrucheſt dich aber der gſchrifft nach deyner gewonheit, vnd zeigſt vff ein ort da ſol man finden, vnd ſo man da ſůchet ſo fint man nüt, iſt daz vß der heiligen gſchrifft reden daz man allein ſprech da vnd da ſtat daz, es ſei oder ſei nit ſo künt ſich dermaſſen ein ieder dropff der gſchrifften bruchen. [E₄ᵇ] Ich find aber wol da ſelbeſt, alß Paulus vnd Barnabas gen Hieruſalem kament, daz ſie ſeint entpfangen worden von den apoſtelen, vnd den alten, daz aber Petrus die ſelbig verſamlung nit hab zů berieffen, vnd das es die apoſtelen vnd die alten berieffet haben daz ſtat nit da, Darumb du gar nüt mit dem ſelben text beweret haſt, vnd alſo zweiffalhafftig nit deſtminder belibet, ob der bapſt daz Concilium hab zů berieffen, oder die gemein chriſtenheit, in welchem zweiffal ettliche vß gunſt dem bapſt zů fil zůgeben die andren alß du vß vngunſt dem bapſt zů fil vnderſtaſt zů nemmen.

Darumb dunckt mich daz beyde parthen nit recht haben ſo die erſten on geſchrifft erſchinen, vnd du mit geſchrifften zů deiner meinung gantz vnerſchüßlich, wellent wir das mittel treffen vnd dem bapst seinen gewalt behalten, vnd die gemeine christenheit ires rechten nit entsetzen. Vnd sagent erstlich wo ein irthům vnd vffrůr in dem glauben beschehe, das die gemein etliche botschafften von den aller trefflichsten sollent verordenen zů der oberkeit christlichs glaubens, das bewer ich. Actuum .xv. da stat also geschriben das ettliche von iudea lerneten die brieder wen sie nit beschnitten würden nach dem gesatz moysi so möchtent sie nit selig werden, vnd ist also worden nit ein kleine vffrůr, das also Paulus vnd Barnabas wyder sie vnnd andre mer von andren verordenet worden zů Petro vnd den apostelen vnd alten des glaubens von inen, in solchem span vnd der vffrůren ein bericht zů bringen vnd ein entlichen abscheidt. So nun Paulus vnd Barnabas [F₁] fürtreffliche personen sein des glaubens, vnd von der gemeinen cristenheit zů den oberkeiten des glaubens gesendet worden seir. in solchen grosen vffrůren, ist wol zůuerston ligt der manlichen tütschen nation etwaz an gegen dem bapst so den glauben so auch andere beschwerden betreffen, sol man billich in namen obgenanter vnserer nation ein trefliche botschafft zů dem bapst vnd den oberkeiten vnsers glaubens verordenen solche vnsere not fürwenden zů beklagen, mit ernstlicher bit, vß irem gewalt ein Concilium gemeiner cristenheit zů versamlen, wa vnser anligen on daz nit möcht hingelegt werden, wil in gantzer vnd solkumner hoffnung sein, das bäpstliche heilikeit, wa ir etwas an vnß tütschen gelegen ist, daran ich nit zweiffel werd vnser not vetterlich erhören, also laß ich zů, daz den glauben zů retten, es sei wider die tüfflische gewalt, menschlichen oder sunst wider wen es wol actio publica sei, daz ist iederman erlaupt, von der gemeinen cristenheit zů klagen, für zů bringen, vnd den richtern wissen zůthun, als auch in allen andern rechtlichen henndlen anklag der beschwerden, iederman zůgelassen ist, vnd vnuerbotten, auch aller meist hie in sachen vnser selikeit betreffen, vnd die oberkeit, so sie des ordenlichen gewalt hat, sol sich daryn geschicklichen halten, die gemeine cristenheit zů beriefen, ein frei cristlich vnd vngezwungne versamlung zů thůn. Also bleibt der oberkeit ir gewalt ein gemein Concilium zů berüffen, vnd den vnderthonen ire gerechtigkeit vngeletzet, das sie ire not vnd anligen billich beklagen mög, das inen von einer gemeinen oberkeit aller cri[F₁ᵇ]stenheit mög ein tröstlicher vnd warhafftiger abscheid gedeyen. Dan wa man das obgenant capitel der selbigen grosen vffrüren ermessen wil, ist es nit anders hingelegt, erfordert gehalten vnd geendet worden, dan wie ich gesagt hab. Vnd dunckt mich gantz vnd gar zů einem bundschů dienen, vnd einer schelligen, wietenden, vnd vnsinigen vffrüren, die so bald wider dy erwecket ist als, wider iemans anders das man der massen mit schmachbüchlin, vnd mancherlei scheltworten der gemein geben wil, daz billich der oberkeit zůgehört. Aber har gegen gantz der götlichen geschrifft gleichformig, daz ire beschwerden die vnderthonen vernünfftig fürtragen, vnd die oberkeit inen durch iren gewalt zů hilff kum, das also ir beider ampt vnd gerechtikeit erfordert werd, vnd nit also von vnderthonen vffrürigen gehandlet sei, so bald zů bösem als zů gůtem.

Wa du aber sprechest, die oberen der bapst würt vnsere treffenliche botschafft verachten, da kan ich nit vor dem berren fischen, vnd versihe das mich gantz nichts zů dem bapst, sunder ich glaub er werd die botten vnser nation vnd von vnß gesandt lüt aller völcker recht mit eren empfahen lassen vnd halten, wa er aber das nit thet, als dan möcht billicher wider in mit sicherheit geklaget werden, dan ietz vnsicher prophetiert. Ich bin auch in festem glauben, sei es vberein das fürnemen vnsers durchlüchtigen vnd großmechtigsten künigs daz ein concilium werd zů besserung vnd reformation der cristenheit, mit sampt dem willen vnserer durchlüchtigen churfürsten, fürsten vnd herren, geistlichen vnd weltlichen, [F₂] es werd mit füglichen mitlen wol durch sie erfordert on alle vffrür vnd einicherlei bezwangniß der vnderthonen.

Warumb doctor Luther ein Concilium begeret.

DU begerest erstlich darumb ein Concilium, das der bapst ein solchen grosen bracht füret, das in kein künig oder her diser welt erreichen kün oder mög, setze ich dem concilio heim zů ermessen, dan es vnserm glauben weder gibt noch nimpt, vnd vnser meinung nie weiters waz dan vnsern glauben zů retten mit disem vnserm schreiben.

Zů dem andern hastu ein mißfallen das er sich den aller heiligisten laset nennen, so er doch weltlichers wesens ist dan die welt selber, das ist ein kleine vrsach ein concilium zů erwecken, dan wir cristen sein alle heiligen genent an vilen orten der sendbrieffen der zwölfboten, so ist er aller heiligen, das ist aller cristen heilig, daz ist der aller heiligst nit in betrachtung seiner personen, sunder in ansehung seins ampts, als wenig wir cristen alle heilig sein mit vnsern wercken, sunder angesehen den heiligen cristlichen stand, daryn wir sein.

Zů dem dritten, das du meinst es sei ye zů vil das er drei kronen trag.

Darzů sag ich, was ist gott so sunderliches in dem alten gesatz daran gelegen [F$_2$b] gewesen, den obersten priester zů gebieten, also erlich vnd kostlich zů kleiden, sein haupt mit gold vnd silber, seidin vnd edel gestein zů zieren, mit schellen vnd so einem kostreichen gürtel, mit einem halben mon, in dem der namen gottes geschriben stünd, als dan in den bücher Moysi ofenlich geschriben stot, dan daz solchs alles zů der eren vnd maiestat gottes mer dienen solt, dan zů einer hoffart des obristen priesters erachtet würd. Also sag ich vil billicher hie, das solche krönung der drei kronen, die maiestat ist der heiligen dreifaltikeit vnd vnsers glaubens me dan es für ein hoffart ist zů achten, es achtet auch solche kronen niemans anders für ein hoffart dan du, so du dir ein mal für genumen hast du wöllest alle ding zů dem bösisten vßlegen, doch so es dem glauben weder gibt noch nimpt laß ich das ston, als ein miessige ynred von dir gethon, dan es billich für kein kron der hoffart von frumen cristen sol gehalten werden.

Zůhest vil geschrifft da bei yn, das er solt ein demütigs exempel fürtragen, das ist auch war, daz du aber sehest das die drei kronen nicht sein des bapstes, so nim des crütz war das off den kronen stot, daz würt dir wol ein anzögens geben, das solche kronen vnd eer sei des crützigten gots, des er ein stathalter ist, vnd nit des bapsts. Ich laß mich es auch nit irren das du sagst cristus hab vor Pilato bekennet, das sein reich nit hie sei in was meinung er das geret hab, ist wol zů ermessen, so dy er das geret hab, ist wol zů ermessen, so dy anklag der iuden was, das er sich solt für ein künig vff werffen wider die römer, als der den römern vnderstůnd ein zeit [F₃] lich künigreich zůentfrembden vnd zucken, sich billich verantwurt, das der massen er kein künigreich vff erden het, hat aber dabei nit verlognet, sunder dapffer gestanden, daz er ein geborner künig wer des iudischen lands vnd reichs darumb ist dein ynred niendert für, sunder ein lere red.

Die klag die du fůrest wider die Cardinäl, das sie der cristenheit zů verdampnis vnd zerstörung erdicht sein, setz ich zů erkantniß des Conciliums, deßgleichen auch von den tütschen Cardienälen, von den annaten, vnd sechß monaten, die pfrůnden zů verleihen, vnd andere vil beschwerden vnd mißbruch, die du nach der leng fürwendest, wie vnß der bapst mit denen alles vnser gůt vß sug, biß vff das marck im bein, vnd můssen vnser tütsch land schier alle fünff iar wider von im erkauffen, vermeinest er sei kein hirt, sunder ein scheblicher wolff, vnd schedig die cristenheit me dan kein Türck ie gethon hab, vnd solchen geitz erzelestu mit vilen vnd dapffern worten nach der leng, mit hohen be=
girden vnd bit zů allen tütschen fürsten der gemeinen vnd fallenden cristenheit zů hilff zů kummen ꝛc. Laut deiner articfel.

Darzů sag ich als ein alter wolff der solche geschrey mer gehört vnd verlesen hat, mit namen bei keiser Sigmundus zeiten, der auch ein reformation gemacht hat, was competenz ierlich ein bapst haben sol, Cardinel, bischöff, thůmherren vnd andere. Es ist aber wider vff den schlack kummen, wie es dan ietz ist. Item ich find in Fasciculo temporum also geschriben. (Nota que hoc anno crebre leguntur reformationes facte que inter omnes be [F₃ᵇ] fierunt propter mortes venerabilium patrum. Das ist also vil zůtütsch. Merck das in disem iar gelesen werden, daz vil reformation vnd ermanung geschehen sein die nüer, doch alle abgangen sein, von wegen der töd der erwürdigen veter. Also ist hie auch zů můtmassen, so groser kosten ein concilium zů versamlen geschehe, vnd die christenheit mit groser arbeit sich erhüb, so würd es alles bestendig bleiben, wie alle menschliche hendel bestendig sein biß har bliben, mit namen so ich verstand, das der Bapst auch her wider begere, wöl man in reformieren vnd sein Cardinäl, sol man dar gegen auch alle bischöff, ept, thůmherren vnd prelaten der cristenheit auch reformieren, vnd iren bracht ab thůn, meiner achtung ein billiche bit eins vmb das ander. Ich besorg das feuer sei allenthalben in dem dach, vnd werd alles schlecht, ob schon ein concilium würd on der hirtenstecken, vnd bleiben dannocht herren, herren, vnd arm lüt, arm lüt, dan das der kosten vber den armen gat, vnd im dannocht gantz nichts geholffen würt, oder ob im schon geholffen würd, so weret es ein vesper vnd ein feyeraben, das man darnach műg in das bad gon.

Nun ist aber vnser meinung gar nie gewesen, von dissen mißbrüchen zů reden sie zů versprechen, oder in einicherlei weg vnß der selben zů beladen, dan allein waz vnseren glauben berüren möcht.

So ich aber das maul so weit hab vff gethon, so můß es doch herauß, vnd gib der besten meinung zů verston, [F₄] so ie ein concilium erfordert würt, das vor allen dingen ermessen werd, wer den kosten tragen sol, dan es wil mich ie beduncken, das der adel vnd die burgerschafft mit sampt allem weltlichen stand nichts damit zů schaffen haben, wie die geistlicheit ire mentel oder pfründen kaufen, oder verleihen also, das sie des sollen einicherlei kosten tragen, dan nach ihrer anzal, wa etwas irendthalben vnd von des gemeinen glaubens wegen solt tractiert werden, als dan wer billich, das sie sich irer rat vnd anzal nit sperretten. Mit weiters wil ich daruon geret haben, was mißbruch oder beschwerden sein, vnd setz das gentzlich keiserlicher vnd Hyspanischer Maiestat, mit sampt den durchlüchtigen Churfürsten vnd fürsten zů ermessen, ob ein Concilium sol begert werden, oder dise beschwerden sunst mit geschickten mitlen möchten hingelegt werden. Dan es wil mich ie beduncken, alles das Luther fürwendet, sei des grosen kostens vnd der müe nit würdig ein concilium zů begeren, man wiß dan vorhin wer den wirt bezale.

Jch het vermeint, so du also trefflich nach einem concilio süfftzest, du würdest dem selben zůkünfftigen Concilio erkantnüß (vnd billich) heim setzen, durch den heiligen geist allen mangel vnd bresten zů erstatten vnnd besseren, so lastu ein solichen rechtlichen weg fallen, vnd sahest an tödlich zů handlen.

Erstlich mit den Annaten, das ein ieder fürst, adel, statt, in iren vnderthonen frisch an gebiet die Annaten gen Rom zů geben, vnd gar ab zůthůn, dunckt mich vb [F₄ᵇ] el geraten, das die vndern das on Keiserlichen beschluß thügen. Dan du hast ob gesagt, es haben vor zeiten tütsche keiser vnd fürsten verwilliget dem bapst die annaten vff allen lehen tütscher nation ynzůnemen. Haben nun die keiser verwilliget, warumb wolt dan iemans der minder wer dan der keiser on sein wissen vnd willen daz abthůn, daryn er verwilliget hat. Darumb dunckt mich die annaten ab zůthůn, dem keiser billicher zů gehör, dan den vnderthonen.

Weiters ratestu dem tütschen adel, daz sie hinfürt kein lehen mer lassen gen Rom ziehen .2c. Laß ich ston für seinen werd, so fer, daz im niemans in eigner sach vrteil sprech. Doch vertrauw ich dem frumen adel, das sie sich wol wissen darunder zů halten.

Vnd wil mich kurtz abfertigen in allen den stucken dy vnsern glauben nit berieren, vn in der taden stond, vnd nie in dem rechten dan ob das oder diß gůt sei, wil me in erfarener fürsichtikeit ermessen werden, dan in büchlin verschriben. Darumb laß ich das die hochuerstendigen vnd die oberkeit vnsers glaubens verordenen, welcher sachen sich die Offitiel sollen vnderziehen, oder ob ein gemein consistorium in tütschen landen sol vff gerichtet werden, vnd kein Curtisan die priester laß citieren, die vorbehaltenen Casus vnnd sell ab zů thůn, auch die Bäpstliche vorbehaltung, daz der bapst offitia vnd sein hoffgesinde mindre, die verpflichtung in eids krafft nit me beschehen sollent. Das der bapst vber den Keiser kein gewalt habe, Der keiser im auch nit sol schuldig sein zů hulden. Der [G₁] bapst allein geistliche vnd nit weltliche empter vollenbringe, vnd ob

die gab Constantini falsch sey, das er Sicilien vnd Neapolis
nit sol lehenher sein, im seine fieß nit sollen geküsset werden,
die walfarten gen Rom ab sollen gestellet werden, ettlich
clöster abbieg, die münch nit mer predigen vn beicht hören
solten, nit so mancherley orden scient die gilüpt der geistlichen
ab sey, daz die priester mögen ee weiber nemmen, das
interdict abgethon werde, vnd den ban nit mißbruchen,
kirchweihung, fil feirtag, vnd fastag, seltkirchen vnderthůn,
vnd deren gleichen fil, so du in langer ordenung mit
leren worten allein vnd on alle geschrifft an tag bringst
vnd offenlichen beklagest, welche beklagen beschwerden, vnd
mißbruch der christlichen kirchen vor dir noch von andren
mer treffenlicher seint geklaget worden in Aluaro in dem
bůch von dem truren der kirchen, vnd in dem bůch Speculum
humane vite genant, vnd von Erasmo Roterodamo in
seiner Moria, vnd in dem biechlin das man nennet de
Petro sancto et Julio sanctissimo, vnd in filen Pasquillis,
in Triade romana, vnd fil andren mer, wie wol ettlichs
schmachbiechlin mögen erachtet werden, vnd ist dennocht
alles vngebesseret biß har also beliben, Ist es dan gottes
wil das es ietz sol gebesseret werden, vnd alle mißbruch
seiner kirchen nit allein die du nennest, sunder alle andren
in allen stenden die du nit meldest, so geschehe sein göttlicher
wil in himmel vnd off erden, wir wellent vnderthenig
gehorsamen, wir habent dir auch darüber nit wellen ant-
wurten, so es vnserem glauben weder gipt noch nimpt, auch
dich verarg=[G₁ᵇ]wenigen daz du dise ding allein darumb
einzüheft, dir ein gunst vnd anhang da mit zů erschöpffen
daz du deinen bösen somen so du wider den glauben
vßgossen hast, da mit gern begertest offzůgon, vnd nit daz
dir so hoch daran lige ob die ding alle gebesseret werden
oder nit, solchen argwon ermessen wir daruß daz du dise
grollen erst vß geschüttet hast, nach dem vnd du in des
bapst vngnaden kummen bist, vnd in rach gegen im bewegt
so sprichtman ondaz sints mundt redt nie gůtz, dan wa
du ein gemeiner christlicher ströffer werest, solt dein straff
gemein sein, vnd findest wol bei dem adelischen stat so fil
zů straffen vnd bei dem peürschen alß bei dem bapst vnd
dem geistlichen, aber du thůst nit damit, dan daz du dein

menschliche anfechtungen da mit verradtest, so stat Actuum. v. geschriben, Ist es von menschlicher erdichtung, so würt es selb zergon vnnd in scheitteren fallen, vnd vorab so du die ding alle vnderstast on recht sunder dötlich zů behaupten. Es würt von nöten erachtet, ein antwurt zů geben etlichen vnuernünfftigen die vnß für feind achten, so der warheit so auch deütschen nation, alß bald sie hören daz wir nit mer den vnseren mund offthůnt doctori Mart. lu. zů widersprechen. Nun habent wir in dem anfang vnsers schreibens vns dapffer vnd verstentlich protestieret vnd bezüget, daz wir allein in den sachen vnsers glaubens wellent vnsere meinung zů verston geben, vnd wa wir wider Mar. lu. glauben im sein mißverstants nach vnserem vermügen antwurten, vnd daz mit bescheidenheit, on an dem ort da er den bapst ein entchrist nennet haben wir vß hohem verdruß in heissen liegen daz er die höchst vnd christliche oberkeit dem teüffel zů henden stellet wider daz verheissen christi, vermeinen auch [G₂] daran nit zů sünden, daz wir zů rettung vnsers glaubens schreiben vnd in widerfechten, dan wir alß wol christen leüt seint alß er, vnd vnß gebüret alß wol vnser selen seligkeit zů ergrinden als im, Vnd zů letst vnsere spen zůsetzen heim gemeiner christenheit ein rechtlichen spruch darumb zů erwarten, vnd denselben zů ston, Habent vnß auch der Römschen myßbruch gar nüt wellen beladen, noch die selben verantwurten, als die des kein beuelhe haben, hett vns aber vnrecht, vnfrintlich, vnd deütscher dapfferkeit vngemeß bedůcht, das man einen vnanklagt vnberieffet, vnueurteil, der massen sol zerbeissen, vnd zerreissen in seinen eren, alß kein hund oder wolff detten einen dodten keiben, der noch die oberkeit ist christlichs glaübens, vnd seiner würden vnd eren vnd ampts vnentsetzet. So wil ich in warheit sagen daz nie kein hippenbůb schentlicher ist vßgerieffet worden dan der Bapst, vnd wen er ie ein mörder were, oder der böscest off diser erd, so solt doch mit im nit also dödtlich sünder rechtlich gehandlet werden, ein solcher freuenlicher mutwill belib den iuristen wol ober, aber den Theologen, vnd lerer der geschrifft vnd des ewangeliums, mag das nit oberbeleiben.

Darumb das wir es noch mit dem Bapst halten sol

vns nit in argem verköret werden, sunder zů gůtem daz
wir es von iedem gůt meynen biß er mit recht vberwinden
ist, wie vil mer von dem Bapst.

Ir solt auch daz von vnß wissen, daz vns vwer offrierigs
fürnemmen wider den bapst nit würt bewegen, er hab sich
dan vor versprochen vnd sey zů verhöre kummen, darnach
wir [G₂ᵇ] dan vß seiner antwurt hören, wellent wir vns
halten nach gelegenheit der sachen alß frum, dapffer, christen
leut, wellent ir vns dan ie vmb des willen feint sein, das
wir zů den sachen vnsers glaubens reden, vnd den Bapst
nit wellen vertreiben es sei dan vff in bracht mit recht
waz ir von im vßgeben, in dem nammen gotts das miessen
wir leiden, in hohem vertruwen das die frummen deütschen
vns dest hölder seient, so wir dem bapst weder helffen noch
enthelffen in solchen mißbruchen, allein das rieffen, ratten
vnd schreiben, das man got zů eren solches mit recht vnd
christlicher messigkeit vollende, vnd nit mit solchen schmehen-
lichen gschrifften, wo ir dan ie dise vnser entschuldigung
vch nit liessen ersettigen, sunder wie ir truwen mit vns
beren zu fahen vnderstünden, solt ir vnß der massen nimmer
also kleinmietig crachten, das vnß vwere tröw wort von
vnser dapfferkeit abziechen, vnrechtlichs zů vnderston bewegten,
wer weiß wer dem letsten beren die hut würt abziehen,
vnnd den andren schenden ich wolt gesagt haben schinden.

Das keyn gemein in stetten hab gewalt ein bischoff oder pfarrer zů setzen.

Du bringst aber ettwas nüws harfür wie daz wir vß
dem apostel Paulo lernen klerlichen, das es in der
christenheit also solt zů gen, das ein iegliche stat vß
der christlichen gemein, einen gelerten, frummen burger
erwelet, [G₃] vnd dem selben das pfarampt beuilhe, vnd
yn von der gemein erneret im frey wylkur ließ eelich ver-
mechelet werden oder nit. ꝛc. Vnd daz sol sant Paulus
schreiben i. Thimo. iii. vnd Ti. i. Darzů sag ich daz an
deren orten keinem stant das in die gemein mög ein pfarrer
welen der vß solcher wal hab die sacrament zů ministrieren,
du thůst sant Paulo vnrecht, vnd weisest vns aber zů sůchen

da wir nüt finden nach deiner gewonheit, wol stat da
was eigentschafft ein bischoff haben sol, das yn aber die
gemein zů erwelen hab, vnd in krafft der election mög die
sacrament ministrieren, daz findestu aber weder da noch
anders wa, es stat wol da das sie weiber mögen haben,
aber zů dem selben woltestu vns gern das auch drein verschlagen
daz die bischoff eyn gemein hab zů erwelen, das nit ist.

Es stat wol das widerteil da Ti. i. Schreipt sant
Paulus zů Tito. Darumb hab ich dich zů Creta gelassen,
das du was da manglet, besserest, vnd setzest in den
stetten priester, alß ich dir verordenet hab, hörestu das
Paulus schreipt Tito dem bischoff priester in steten zů
setzen, lut seiner ordenung die er im verlassen hatt, vnd nit
der gemein die ir leptag nie gewalt hat vß götlichen
gschrifften priester zů welen oder machen.

Des gleichen ist Timotheus von sant Paulo vnd nit
von der gemein gesetzet oder erwelet worden .i. Ad. Th .iiii.
Du solt nit versumen die genad die in dir ist, die dir
geben ist durch die prophezey, vnd vflegung der hend
der priesterschafft, vnd .i. timo. i. Vmb welche vrsach ich
dich ermant, daz du erweckest die genad gots durch die
vflegung meiner [G₃ᵇ] hend. Vnd ca. ii. das beuilhe
gleübigen menschen die geschickt seyent ander leüt zů leren,
Warumb gipt er dir beuelhe nit der gemein, oder wa hastu
dein leptag gelesen so ein priester würt durch vflegung der hend,
daz die gemein ie menschen die hend vffgelegt hab, ob du aber
sagtest sye hetten das den bischöffen in irem nammen beuolhen
zů thůn, Doce de mandato, das zeig vns mit gschrifften an.

Darumb hettestu es wol bei den götlichen gschrifften
an so manchen orten lassen beleiben, das Cristus der erst
priester vnd ewig, die apostolen verordenet hab zů priesteren
vnd die apostolen weiter verordenet haben andre zů priesteren,
vnd leuiten alß von sant Steffan stat in den geschichten
der .xii. botten.

Das aber ein bischoff vnd ein pfarrer ein ding sei
vnd sant Paulus das sprech, oder auch Hieronimus, das
sag das würt sich nimmer finden, aber das wil ich wol
gelauben daz in anefang vnsers glaubens die bischöff der
priester empter gieübet haben, da durch möcht erachtet werden,

daz es ein ding were so es doch nit ist, dan alß noch nit priester verordenet waren, müsten die bischöff priesterliche empter tragen, alß so die knecht nit zů huß seint, můß der her zů disch dienen, vnd ist dennocht ein vnderscheid zwischen dem herren vnd den knechten, waz aber vnderscheid sei vnder einem bischoff vnd priester, würt zů seinen zeiten vß der geschrifft darthon werden, dan die bischöff, alß bischöff seint von keiner christlichen gemein vber die pfarrer gesetzet zů regieren, sie habent wol sunst von den Conciliis gewalt entpfangen daz laß ich ietz ston. Der priesterlichen eeweiber halb [G4] erstreckestu ein lange red, wie es besser were daz man yn gestattet eeliche weiber dan also vnschamhafftige beischlefferin zů gestatten, daz laß ich alles ston, dan es dem glauben weder gipt noch nimpt, In dem namen gots wil die gemeine christenheit daz ie wider zů lassen, ich bin des wol zů friden, es werd gestattet pfaffen, munchen, oder pfarrerstant.

Du sprichst das der Bapst nit macht hab küscheit in gelüpde zů entpfohen oder den priesteren zů gebieten alß wenig er macht hab zů verbieten essen vnd drincken vnnd den natürlichen vßgang oder feißt werden, das dunckent mich ergerliche wörter, rechestu es ie gleich, warumb gebüt got vnkeüscheit zů meiden denen die nit in eelichem standt seint, sie möchten mit dir sagen essen vnd drincken vnd anders auch můß sein vßgang haben.

Es ist auch ergerlich geredt von allen lieben heiligen mit nammen von sant Paulo der das den stich Sathane nennet vnkeüscheit so in anfochte, vnd du vergleichest es einem natürlichen vßgang. Wie haben die heiligen so grosse angst vnd not gehabt die vnkeüscheit zů widersechten von dem du sagst es vergleich sich einem natürlichen werck das nit kan vermitten beleiben.

Erfordret ietz in der latinschen kirchen der priesterlich stat keüscheit, so ist wol zů ermessen, daz solches ob es ein priester wol hart ankumpt, nit destminder mag er küscheit halten mit der hilff gots, vnd ist nit also vnmüglich alß du es machst, sunst miesten wir des gleichen reden von allen andren menschen deren etlich in eelichem stant keüscheit gehalten haben. Lernest darnach zwei stück meiner achtung vnbillich, so sich einer [G₄ᵇ] priester weyhen laßt sol er sich widren, die keüscheit zů versprechen, dan niemans den englische stercke, vnd himlische macht mög küscheit halten, was ist dan das Cristus sagt Mathey .xix. das etlich inen selb vßgeworffen haben (verstand in dem hertzen) von wegen des reichs der himmel. Zů dem andren wie man sol ein solche byschlefferin dem bapst heimlich stelen für ein eefrauw, alß die inden iren verdienten lon den egiptiern stalen, das ist gar ein vngleichs exempel harzů, vnd ein vngeschickter sattel vff diß roß, dan stelen ist verbotten, darumb miestu vorhin darthůn das die concubin sein verdienter lon were, Vnd zů dem andren das solches zů thůn got geheisen hatt, Ich find aber nit das yendert got hab also gelernet eefrauwen steelen, Darumb ich fil ee radten wolt einem der küscheit nit wil geloben das er nit priester würde, sunder ein eeman so darff er des diepstals nüt, man sol vffrichtig vnd nit bücfisch oder dopel handlen, nein vff der zungen haben, vnd ia im hertzen, vor dem bapst sie für ein eefrauw verneinen, vnd vor got verachtzen.

Du meinst der Bapst hab fil selen zů dem teüffel versieret, mit der gelopten vnd erfordreten keüscheit, das ist aber keinem menschen wißlich, wer weiß aber wie fil dargegen mit der gelübten der küscheit seint selig worden, Darumb du nit vß solchen vnsicheren reden soltest gezogen haben, das der Bapst würdig were vß dem ertrich zů vertreiben, du klagst vnd retst fil, vnd bringst nüt bey, oder beweerest nüt, macht alles deine vermessenheit, das du vnß also borecht achtst, alß ob wir deinen worten wie dem [H₁] euangelio glaubten.

Du sagst es sei nie gůts vnd werd auch nimer gůtes vß dem bapstthům kumen, wer billich das du des ein anzögens thetest, got hat vnß in dem euangelio ein oberkeit geben, deren sollen wir billich in zimlichen gehorsamen, es nimpt mich wunder, wa du mit deiner heiligen geschrifft bleibest.

Nachgonds sagstu, got hab gebotten, das man vnd weib niemans scheiden sol, das ist war. Mathey .xix. Es stot aber gleich auch dabei, das etlich küscheit angenumen haben, von wegen des reichs der himmel, zů latin. Sunt enuchi qui se ipsos castrauerunt propter regnum celorum. Dabei klarlich mag beider stand von got beweret sein der eelich, vnd der iunckfrewlich. Darumb es mich duncht du gebst dem eelichen zů vil zů, so du sie billich beid liessest bleiben, vnd doch den iunckfrewlichen den höchsten erachten. Das du aber sagst, das man vnd weib niemans scheiden sol, das ist war in eelüten. Wie kan aber der ein eeman sein, der nit in eelichen stat zů verwilligen hat, sunder küscheit gelobt zůhalten, so ist es doch in seinem freien willen gewesen. Ich glaub das die cristenheit nit vngenottrengt die gelübden der küscheit von der priesterschafft erfordert hab. Wan sie es wider einhellig abthůt in dem namen gottes, als dan wöllen wir vns gehorsam erzögen, duncht mich erlicher dan also eefrawen lüginhafftig stellen, es sol mit den Sacramenten nit also biebsch, sunder dapffer vnd warhafftig vmbgangen werden.

Item du sprichst das in dem gantzen bäpstlichen gesatz [H,b] nit drei zeilen sein, die ein frumen menschen möchten vnderweisen, befremt mich das du vff dem fischmarckt brot kauffen wilt, vnd vff dem rathuß betten, was wiltu vnderwissen sein andachts, das sůch du in dem euangelio, du darfest das in den geistlichen rechten nit sůchen. Wiltu aber des rechten in geistlichen hendlen bericht sein, das findstu da selbst, vnd retst das mit der vnwarheit, das nit drei zeilen darin sein, die ein frummen Cristen möchten des rechten vnderweisen.

Aber mit der file der gesatz, da halt ich es warlich mit dir, das vil da sein gebotten, das beser wer sie weren ab, vnd gib dir des ein verstand, erstlich mit fasten, du weist das wir tütschen nit gern fasten, got geb man gebiet zů fasten oder nit, vnd thůn dannocht vnrecht das wir wider die verschribnen gebot sünden, wan sie gütlich abgethon weren, so weren wir der sünden entladen. Deßgleichen mit feyren sitzen wir vnd feyren vff den stuben in der kanten, in dem bret, vnd an dem banz. Bei den zweien stucken verstant die andern alle. So nun on allen zweiffel solche gebot got vnd den lieben heiligen zů den eren der aller besten meinung vff gesetzt sein, vnd aber ietz der meinung nit me wöllen gehalten vnd verstanden werden, duncht

mich geschickter geraten, das man alle solche gebot vnd
beschwerden vßzüg vnd anzögt, mit gemeiner bit vnß solcher
beschwerden zů entladen, vnd nicht also mit feusten daryn
schlagen, vnd den blunder gar verwerffen, vnd ein ratten
hauffen daruß machen, wie du aber eins mit zornigem
haupt geraten hast. [H₂]

Auch kan ich das nit fürgon: das du sagest, der bapst
verbiet den eelichen stand, vnd des můß gotz gebot vndergon,
vnd der eelich stand. Darzů sag ich, das zů heuraten oder
zů der ee greiffen niendert geboten ist von got, sunder in
freiem willen stand, vnd wa du das harfür zühest, in dem
bůch der geschöpff wachsen, vnd meren eüch .ꝛc. Das ist
kein gebot, dan wa einer nicht wüchße, so thet er wider das
gebot, wa es ein gebot were, vnd sündet. Nun ist aber
wachsen in vnserm gewalt nit, aber die sünden sein in
vnserm gewalt.

Mit den vorbehaltenen sunden, das die oberkeit
inen etliche sünden vorbehaltet die nit ein ieder priester hab
zů absoluieren. Sag ich darzů es ist anfenglich in der besten
meinung beschehen, daz solche schwere fel, als morden, iunck-
frawen schwechen .ꝛc. Vnd andere dergleichen, dest weniger
geschehen, wa sy nit leicht gnad, vnd geringes nachlassen
fünden, wil aber ie ein mißbruch vnd ein kauffmanschatz
daryn kumen, in dem namen gotz, so werd das mit andern
mißbrüchen auch gebessert, aber nit nach deinem rat, das
gleich so solch fel nit weren abgethon, dir wolt gebüren,
deinem brůder oder deiner schwester, wer die weren zůbeichten,
vnd von inen absolution erlangen, dan got den priestern
gewalt geben hat, die sünden zů binden vnd zů entbinden,
das ist daryn zů erkennen, vnnd nicht einem ieden leyen,
es were dan sach das du allen fleiß anköret hettest [H₂b]
priester zůüberkumen, vnd dir nit müglich wer priester zů
haben, als dan gibt dir die not zů, einem leyen zůbeichten.
Aber so du priester hast, so beicht im alle dein sünd, ob
er dich schon von den vorbehaltenen sünden nit wil ab-
soluieren, so schaffstu dannocht mer das selbig einem priester,
dan einem schlechten leyen zů beichten, darnon wil ich ietz
nit geflißner reden.

Es wer auch not, das die iarzeit, begencknis seelmesen

gar abgethon, oder ye geringer würden, das solches gůt wer, verstand ich nit, daz du aber vermeinst, sie werden geschnattert vnd on andacht vollenbracht. Darzů sag ich der gleich miest auch alle administration gůter werck abgethon werden, so niemans wißlich ist, mit waz ynnwendigem andacht das geschicht. Es ligt auch sunderlichs nit vil daran, mit namen obung der Sacrament an dem andacht des priesters, dan sie haben ire krafft vß dem verdienst cristi des stiffters. Vnd ob du schon vil meintest in dem iar nur einen hertz ernstlichen vnd andechtigen iar tag für alle gůttäter züstifften, sag ich das solchs nit müglich sy von dem menschen züstifften, den des hertzens andacht kan allein got erwecken vnd erkennen vnd ob man schon alle vßenwendigen anzögungen eins erdichten andachts thet, so das hertz da bei mag falsch vnd ful sein, darum bleibt es billich bei der vßenwidigen kirchen vffsatzung der vigilien vnd messen, dan von verborgenen dingen vrtheilet got vnd nit die kirchen, dan ob schon des priesters personlicher andacht nit dabei ist, so ist doch der kirchen andacht dabei vnd des frumen stiffters [H.3] vnd das ist gnůg vnd vne erschüßlich zů ewiger selikeit so einer gemeiner cristenheit andacht bit, dan ein eintzige person.

Aber das Mathei .vi. daz vil wörtig gebet verbotten ist von cristo, ret er von sunderlichem gebet eins ieden, vnd nit von den gebetten vff gesatzt von gemeiner cristenheit, er müst sunst den psalter auch abthůn, das nie die meinung cristi was.

Du blasest auch hoch vff von wegen des interdicts, das es der tüffel hab erfunden daz es der böß geist erdacht hat. Dan wie du sprichst, ist es nit ein tüffelisch werck, das man ein sünd bessern wil mit vil vnd grosen sünden, es ist ye ein grösere sünd, daz man gottes wort vnd dienst nider legt, dan het einer .xx. bäpst vff ein mal erwürgt. Darzů wolt ich lieber lachen dan antwurten, dan an villen orten magstu wol mit vermeintem andacht raten vnd reden, aber was zů dem rechten dienlich ist, bistu meiner achtung nit gantz bericht, das hab mir nit verubel, also möchtestu auch sagen, wa, vmb einer sachen willen land vnd lüt verderbt würden, vnbilich wer von einer taben wegen so

vil gůts ab zůthůn, das durch die möcht beschehen die
rechtlich gestrafft vnd verderbet werden, ich wolt dir hie
tusent exempel geben auch vß der heiligen geschrifft, so ist
es nit von nöten, dan in solchen fellen der rechtlichen
straffen die sach vnd nit die nach folg ermessen würt, also
wan einer gemördt het, solt man in auch nit töden, sunder
das noch vil gůtz durch in in seinem leben beschehe, solt
lassen leben. So nun das interdict [H₃"] ein straff ist
des rechten, sol nit betracht werden waz gůtz solche straff
hindere, sunder was gůtz solche straff rechtlich fürdere, darum
die straff nit der tüffel erfunden hat sunder die sünd, vnd
got hat die straff vber die sünden erfunden.

Wie der ban sol gebraucht werden.

Von dem ban das du sagest er sei ietz ganghafftig vmb
das zeitlich gůt, der solt auch gereformiert vnd gebeseret
werden, das er nit würd gebruchet, dan in denen felen,
die in der geschrifft sein angezögt, da bin ich nit weit von
dir, vnd sag in warheit, das die ordenlichen richter den
ban zů vil vnd me dan zů vil mißbruchen, zů grossen
schanden der cristenheit, vnd vnserem heiligen glauben, als
ob sie mit einer axt ein floch ermörden wolten, ein solche
grosse straff offt vmb ein hellerlin bruchen, so es doch an
dem tag ligt, das die heiligen .xii. botten den ban nur in
trefflichen sachen haben gebrucht des zög ich dir fier ort
an. Das erst ist Actuum quinto als Ananias vnd saphira
die gemein der cristen betriegen wolten, bannet sie Petrus
beid, das sie vor im des gehen todes starben. Das ander
ist Corintheos .5. spricht sant Paulus. Es würt warlich
vnder euch erfunden vnküscheit, deren gleichen nit ist vnder
den heiden, das einer die haußfrauw [H₄] seins vatters
nem zů der ee, darumb sol von eüch hingenumen werden
der, das gethon hat. Ich abheimsch mit meinem leib, aber
gegenwirtig in dem geist, hab ietz geurteilt das der gegen=
würtig, der solchs gethon hat in dem namen vnsers herren
vnd gottes Jhesu cristi, so ir versamlet sein mit meinem
geist in der krafft des herren Jhesu, den menschen zů geben
dem tüffel, zů sal seines leibs, das sein seel behalten sei

in dem tag vnsers herren Jhesu cristi. Das drit ort ist .i. Ad Timo .i. Jn welchem glauben etliche vß verachtung geschiffbrücht haben, vß welchen ist Himeneus vnd Allexander, die ich dem tüffel geben hab, das sie lernen nit also lestern. Das fiert ist Ad. gala. .i. Vnd ob schon ich oder ein engel von dem himmel anders das euangelium lere ban ich üch daz verkündet vnd gelernet hab, der sei in dem ban. Diß sein fier ort die ich find, in was sachen die zwölffbotten den ban gebrucht haben. Jn dem ersten fal, darumb daz Ananias die gemein hat wöllen in zeitlichem gůt betriegen, wil mich bedunken, du thůgest im zů vil daran, das du sprichst, man sol den ban nit vmb zeitlich gůt bruchen.

Nun hat in doch sant Peter in Anania vnd Saphira vmb zeitlich gůt gebrauchet, darumb glaub ich das man den ban auch in zeitlichem gůt bruchen mög, aber zů groser seltzamkeit, wa iemans in zeitlichem von dem andern betrogen würd. Jn dem andern fal, wa verbottenlich geweibt würd, wie ob stot, daz einer seins vatters frawen zů der ee nem. Jn dem dritten fal wa in dem glauben geirret würd. [H₄ᵇ]

Jn dem fierden, wa etwas wider den glauben geprediget würd. Vß welchen fier felen klarlich ermessen würt, das der ban nicht in so leichtfertigen sachen solt gebrucht werden. Auch dabei, das der ban in zeitlichem gůt mag geübet werden, lut des ersten fals.

Das du aber dabei sagst der ban sol in keinen andern sachen ban in den ob genanten fier stücken gebrucht werden, dunkt mich on warheit sein, von wegen der wörter cristi der da sagt Matheÿ .xviii. Sündet dein brůder wider dich, so straff in zwischen dir vnd im, hört er dich nit so sag das der oberkeit der kirchen, höret er die auch nit, sei er dir als ein vngleubiger. Dan fürwar sag ich euch was ir binden vff erden, sol in dem himmel gebunden sein, vnd was ir vff erden vff lösen, sol in dem himmel vff gelößt werden. Dise wörter cristi thůn ein offenlichs an-zögen, das in meren sachen ban in den fier obgenanten mag der ban gebrucht werden. Aber seiten mal die zwölff-botten den ban allein so in treffenlichen sachen gebrucht haben, ist fast wol zů merken, daz die richter auch allein in dapffern hendlen den ban bruchen solten, vnd nit vmb ein halben dutzen nestel also die cristen verlüten, verschiessen, verbrennen, vnd dem tüffel geben, also daz ietz offt die tüffel frümer sein dan die richter selber, so sie die selbigen von in verbanten in der hellen nit wöllen wissen, sehen oder hören.

Ob nun iemans sprech, sollen wir richter den ban allein in schweren hendlen bruchen, wa mit wöllen wir dan die täglichen zenck vnnd heder der christen lüt niber legen, duncket mich es were vil besser, ir liessen das die [J₁] burgermeister in stetten vßrichten vnd ire weltliche oberkeit, vnd gingent ir in die kirchen, den psalter darfür lesen, wo aber geistlicher sachen ir vch beladen miesten oder billich solten, habent ir noch fil mer andre straffen dan den ban, was aber die straffen seient lügent .i. Corin. v. da spricht sant Paulus, seint etliche brieder vnder vch, vnkeüsch geitig, den abgöttern dienent, vbelredner, druncken reüber, mit denen soltent ir nit essen, da habt ir ein straff vssenwendig des bans das man mit einem weder es noch drinck so er das billich beschuldet hat. Item Tessalo iii. habt mit den schuldigen nüt zü schaffen, das sie sich schamen miessen. Vnd .ii. thimo. iii. etlich vermeid ab Ti. iii. ein vngleübigen so du yn zweimal gemant hast den vermeid. Vnd Johannes in seinem andren brieff spricht kumpt iemans zü vch vnd bringt nit mit im dise lere so entpfohent in nit in vwer huß, auch griessent in nit. An disen orten habt ir ein güten bericht von mir, das mer straffen habent in den götlichen biecheren, dan den ban die ir möchten bruchen nach gelegen= heit der hendel vnd der personen.

Also hastu Luther ein verstand meiner wort alß ich anefengklich redt daz ich nit weit von deiner meinung were des bans halb, das man in mag in zeitlichen gieteren bruchen, vnd in fil meren sachen dan in der gschrifft an= gezeiget ist, aber nit so leichtfertig alß biß har beschehen ist.

Die andren geistlichen penen, suspension, irregularitet, Aggrauation, Reaggrauation, Deposition, Dondren, blixen vermaledeien, woltestu das solche findlin zehen [J₁ᵇ] elen dieff begraben weren in der erden, vnd thüst in dem sal wie etlich böse knaben dy in die galgen sülen hauwen, vnd den hanff vßrupffen, vß forcht daran ein mal zü erwürgen, auch wie die bösen kind die ire rüten verbrennen, dan es mag faſt wol bewißen werden vß der heiligen geſchrifft, das ſolche ſtraffen ſollent vber die böſen gen. Es iſt auch nit war daz der tüffel die ſtraffen erdichtet hab, wie ob geſaget iſt, dan der teüffel iſt ein erfinder der ſünden, vnd got ein ſtraffer der vbeltäten.

Nun kan dennocht das vbel nit vngeſtraffet beleiben, ſo gilt es in dem fal gleich ob es mit diſen oder andren penen geſchehe, gefallent dir die nit, ſo zeig vnß andre an in gots nammen, es gipt nüt, ſo nimpt es nüt, daz nur das böß geſtraffet werd, du wolteſt gern der gemein damit liebkoſen vnd ſie vnſtrefflich machen, ſo ſich der ſtraff anders niemans beklagt dan der ſie verdienet hab.

Der feiertag halb das man ſie abdieg, vnd nit einem ieden gebüren ſolt feiertag zů ſetzen, vnd das vnſer frauwen feſt oder der .xii. botten vff den ſuntag geleget würden, Ich gedenck du radtſt das vß ſolchem grund, das deſt minder vff den ſtuben, vnd in den tabernen gemütwilliget werde, vnd iederman ſeinem werck deſt gefliſner anhieng, ia wan wir des ſicher weren, das es alſo würd geſchehen, hett es wol ein güte meynung.

Aber wir ſehen das von allen handtwercken, ſo ein gantze woch iſt, machen ſie inen ſelbs ein feiertag, dunckt mich gelegener ſein, daz der Biſchoff die feyrtag mach dan die ſchneider oder ſchůknecht. [J₂].

Der drinckſtuben halb weyß ich warlich nit was ich ſag, es ſeindt vil ſpill zů thůn vff heilige tag verbotten worden vnd offt, Nun laſſendt wir es ye nit wir kument vff den ſtuben zůſamen, ſollendt ſie nun das oder diß nit thůn, vnd kan doch der menſch als ein vnriegigs thier nit mieſſig gon, was ſollent ſie dan thůn ſo ſie zamen kummen, zů latin omni negationi preeſt vna affirmatio, Da düchte mich geradten ſein, das ein ieder ſeyne rocken oder kuncfel mit im brecht, vnd ſpünnen mit eynander, ſo hettent wir deſt mer güter hembder. Da bey will ich zů verſton geben, das fil ding gedulbet vnd erlitten mieſſen werden, die nit recht ſeint.

Das man aber die kirchweihungen abdieg, dunckt mich nit gůt eincherley andechtigen vnd loblichen gotts dienſt abzůthůn, von des menſchlichen mütwillens wegen, dan man mieſt ſunſt alle kirchen abthůn. Dan ich niendert ort noch end weiß wa gröſſer hůrery, vnd bůlerey geſchicht dan in den kirchen, vnd wa sie niendert zammen mögent kummen, sparendt sie das an die heiligen ort vnd end.

Aber man sol vff kirchweihung vor dem bösen sein, so fast man mag, was nit mag gehindret werden, leidt man mit dem güten, (lut des ewangeliums) vff zü wachsen, biß vff die eer gottes, da er das gut würt von dem bösen scheiden, Das aber got sein eigen gesatz so er von dem himmel geben hatt vffgehabt hab, ist nit war, vnd wider [J$_2$^{b}] die wörter christi Mathei .v. spricht Cristus, ir sollent nit vermeinen das ich sei kummen vffzüheben das gesatz oder die propheten, sunder zü erfüllen.

Woltest auch gern das in den dritten oder fierden, vnd in die geuatterschafft möcht geweibet werden, da redstu gar nit zům zil, der iub hat nit mögen erlitten werden, darumb daz iedes gschlecht im zü güten, vnd den andren zü schwerem nachteil vnd vnderganck in die nechsten grad weibet, hat menschlich vernunfft notturfft vnd zwang erfunden, in die ferre der grad zü weiben, daz menschliche früntschafft dest stanthafftiger belibbe, vnd vß filen andren echaftigen vrsachen vnnot ietz zü erzelen, das nun dir also mit schlechten leeren worten wider einen solchen natturftigen bruch vnd erkentniß der menschen sol geuolget werden, mag nit erachtet sein, ia sprichstu der bapst mißbruchet daz vnd nimpt gelt drumb, Mißbruchet er daz so düt er vnrecht, darumb sol aber das gebot nit abgethon werden, dan sunst wa der glauben mißbruchet würt, solt man den glauben auch abthün, vnd wa man den wein mißbruchet miest kein wein mer gebuwen werden.

Das wir aber frei seient zů fasten vnd essen was wir wellen, gefallet mir wol, doch mit dem vnderscheid, daz es mit demietiger vnd christlicher messegkeit an den bapst erfordret werd, vnd niemans das vß freuel selb vnderlasse.

Die feltkirchen abzüthůn ist wider das keiserlich recht, was ein mal gottes ist, sol nit mer in menschlichen bruch kummen, aber hin fürbaß keine mer lassen buwen, daran wolt ich ee sein, dan zů erstörung. Das aber [J$_3$] die wunderwerck der teüffel dieg ist schühelich zü hören, so er doch kein wunderzeichen thůn kan, dan wunderwerck zů thůn allein got müglich ist, Das aber der tüffel auch kün wunderzeichen thůn, weisest du vnß daz stant geschriben Mathey .xxxi. Cap. i. das ist war hinder dem offen stont die holtzschů da sol sie der drucker finden, hastu aber geirret, das kan ich kum gelauben.

Wie kan man aber so fil frummen leüten nit gelauben die den wunderzeichen so dapffer kuntschafft geben, so doch in dem ewangelio stat Mathey .xviii. das in zweier oder dreier mund alle kuntschafft stande. Darumb redstu on alle geschrifft, das nechst daz dir in willen kumpt.

Zwo reden bruchestu nachgonds, Die erst das der Bapst nach allem seinem vermügen, alle kirchen gleich freien, vnd eren sol, die ander sol er im nüt vorbehalten, die erst kan nit beston, die ander sol nit sein, alß wenig ein Keyser yederman freien sol, oder so fil er möchte geben, dan sant Paulus schreipt Ro. xv. Nun wil ich ziehen gon Hierusalem da dienen den heiligen, dan es habent Macedonia vnd Achaia angenummen ein samlung zů thůn den armen heiligen die da seint zů Hierusalem dan es hat inen gefallen, vnnd seint ire schuldener, dan seint die heiden irer geistlichen gaben deilhafftig worden, sollent sie inen billich in leiplichen notturfftigkeiten dienen. Vß dissen worten wil ich so fill ziehen, ie mer ein ort von der hauptkirchen vnd oberkeit geistlicher genaden entpfahet, sol das selbig ort weiters verpflichtet sein in zeitlichem das zů verdienen vnd beschulden, vnd ie [J3ᵇ] mer es beschuldet vor andren gecret werden, dan gleich belonen vnd geben verdienten vnd vnverdienten, were ein abbruch alle tugenden zů ieben, zů latin cum agentur bona etiam rationes crescunt bonorum, Das ist, so sich die gaben meren, sollendt sich auch billich meren dancksagung der gaben. Du schiltest aber den bapst hoch das er alß ein blindenfierer mit biebercj, das gelt der massen von den leüten schind vnd schab, vnd verdieg daz vnnützlich, da laß ich in vmb sorgen er ist schaffner, schafft er es dan nit wol, so fint er sein lon darumb, das schadet ob gott vyll vnß nit.

Der betler halb das sie auch zů reformieren weren, lassent wir bei keiserllichem gesatz beleiben, de validis mendicantibus, das ist von krefftigen betleren gesetzet. Aber der arbeit halb daz man nit missig gon gestatten sol, sie seien

geiſtlich oder weltlich, Ach got vom himmel daz es geſchehe,
die lantſchelmen kumment ietz den mereren teil in die
klöſter das ſie ſich mit mieſſiggon erneren, vnd nit von
der ſelen ſeligkeit wegen, vnd wellent weder mit den henden
noch mit vernunfft arbeiten, ſeint wie die hummel die den
arbeitſamen binlin ire arbeit vnd honig freſſen.

Darnach kumpſtu vff den xxii. arti. die meß berierent
daz ſtifftung der meſſen nit allein wenig nütz ſeient, ſunder
gottes zorn erwecken vber vns, Ich muß mein hertz hie
aber mit groſſer bitterkeit vff brechen, vnd kurtz ab teütſch
mit dir reden, vnd ſetz vff ein ort alle prieſterſchafft,
doctorat, müncheit orden, gelüpt, eid, verſprüch, vnd wa
mit ich möcht verpflichtet ſein, vnd wil allein ein frummer
chriſt [J₄] ſein, ſo hat mich mein vatter von ingent gelernet
andacht zů der meſſen tragen, alß zů einer gedechtniß des
leidens Criſti Jheſu vnſers herren, ſo lernen alle die in
der heiligen gſchrifft den gemeinen chriſten berichten, daz
die meß ein opffer ſey, für lebendig vnd dobten erſchütz lich,
der meynnung ſeint alle heiligen lerer, vnſer bruch von
den .xii. botten vff vns erwachſen. Nun lůgt vnd gedenckt
ir oberkeiten des glaubens daz ir vns mit der warheit
berichten in der ſachen der meſſen halb, da dem chriſten
man ſein gröſtes hertz an ligt, dan wa daz nit geſchehe,
vnd würd an dem eincherley irrung erfunden, mög wol
ermeſſen werden waz in andrem geſchehen mag, Lůgt vnd
gedenckt daz ir vch hie in der matery der meſſen nit ſumen
noch ſparen, dan ir ſehen das ſich die nit ſumen die vnſeren
andacht der heiligen meſſen widerfechten, verſument ir aber
vch ſo hapt vch den ſchaden, das red ich für mein chriſtlich
hertz, vnd von wegen meinß vätterlichen geſatz, wan es
luter regnete vnd ſchnüet, vnd ſich alle Biſchöff zů dodt
ſtilſchwigent, vff das der andacht der heiligen meſſen er=
löſchete dennoch bezüg ich mich mit diſer meiner hant-
gſchrifft, das ich in vetterlicher lere des andachts der meſſen
ſterben wil von diſer welt, vnd in der betrachtung des
leidens Criſti Jheſu ſelig beger zů werden.

Ich ſag vch Biſchöffen vnd oberkeiten zů, ob ir ſchon
durch vwere finger ſehen wolten vnd fileicht ſchweigen, ob ir
vwere mentel, confirmation, beſtetigung, pfrienden oder der

gleichen möchten fürbaß dest leiblicher oberkummen, für war, für war, vnd aber für war, entpfalt dem christen man da got vor sei, sein heilsamer andacht der heiligen messen, So ist es vmb vnsere pfrienden, mentel mit den röcken gethon, vnd feierobent gemacht, da wißt vch nach zů richten, dan Luter spricht das die meß niemans nützlich sei, dan allein dem der sie list oder höret lessen, mögent ir das leiden vnd darzů stil schweigen, so mögt ir auch kißlingstein verdeüwen, da bei verstond was ir wellent, vnd gedencken das ich vch das gesagt hab.

Das aber die alten stifft vnd thům für des adels kinder seient erstiffet worden, ob ire elter sie in der welt nit möchten versehen, darin solten gethon werden, hie redt der heilig geist nit vß dir Luther, sunder du zühest dem adel zů dem du schreipst ein lindes federlin vnder der nasen, dan du sprichst wir seient alle geistlichs stats, seint wir nun alle eines stats, warumb gipstu der edelleüt kinder die freiheit vor allen andren, du meinst filleicht das Cristus nůr edelleüt in seinen höchsten thům der .xii. botten genummen hab, alß du wilt sein ein redner der warheit ist dir das liebkosen vbel angestanden, doch so du daz vß der heyligen geschrifft nit beweresst, laß ich das für ein menschliche reden ston.

Daz auch niemans sol fil pfrienden haben daz ist ein alt gesatz, laß ich ston, des gleichen mit den brüderschafftten vnd das die bepstlichen botten mit iren faculteten vnnd freiheit geben vß dem land soltend veriagt werden, sittenmal du darzů kein gschrifft bruchest, vnd dich daz lassest bedunckẽ, gib ichs den richteren zů ermeßen, dan es auch [K₁] den glauben nit betrifft.

Du begerst darnach das got des bapsts stůl bald zerstör, vnd in abgrund der hellen sencke, vnd gibst des vrsach Erstlich das er der war endcrist sei, zů dem andern, daz er zerstör, das got gebotten hab, zů dem dritten daz er dy tütschen ler vnbestendig, meineidig, verreter, bößwicht trüwloß sein. Zů dem fierden du sprichst das in dem ketzrischen decretal stand, daz sein der bapst macht hab, trüw vnd glauben vff zů lösen, des lieg er in sein halß, vnd sider als ein böser sathan, als er noch nie gelogen hat. Zů dem fünfften, das er sitz zů Rom in des tüffels neſt, zů dem ſechßten das der bäpſtlich gewalt nichts anders ſei, dan die ſelen zů verdamniß füren. Zů dem .vii. begerſtu daz criſtus den iüngſten tag laß ynher brechen, diſes alles zů einer zerſtörung. Ich ſihe vnd greiff das du zornig biſt, darum mir gebüren wil, kaltſinnig zůſein, vff daz nit geſprochen werd, daz wir beid vnſinnig ſein, es iſt zů vil mit dir. Vnd ſag erſtlich das du nit war redſt, das der endcriſt kumen ſei nach dem anzögen criſti ieſu vnſers herren. Zů dem andern, dem dritten, fierden vnd fünfften, all weil du nit anzögſt, wa der bapſt das thů, oder in welchen ſachen, orten vnd enden daz ſtand oder beſchehen ſei, vnd vff in bewerſt, můſtu das erdichtet haben, vnd mit der vnwarheit im zů gelegt, dan ſolt es vff erdtreich darzů kumen vnd daz geſtattet werden, vnd glaubt was ein ieder on alle bewerung wider den andern, vß kotzet, oder ſpeuwet, ſo wer niemans mer ſeiner eren ſicher. Sie malen den heiligen geiſt vff dein haupt, als ob er vß dir redte, [K₁ᵇ] erſt lerne ich daz der heilig geiſt auch kan vnſinige reden thůn, doch ſag ich darzů, wa du war retſt, da ret on zweifel der heilig geiſt vß dir, dan alle warheit iſt von got, wa du aber nit war retſt, da ret ſicher der tüffel vß dir, der ein vatter iſt aller lügin. Darumb riet ich man mälte dir ſie beid vff dein haupt, den heiligen geiſt vff ein ſeit, vnd den tüffel vff die ander ſeit, vnd die ſtat prag in die mitten. Darzů das du in heiſt liegen in ſein feder vnd halß das kan von den edellüten zů den du ſchreibſt, für kein criſtliche meſſikeit verſtanden werden. Ich liß von künig Dauid, der auch ein edelman was, als ſein vorfar Saul von got des künigreichs entſetzt waz, vnd er von got ein künig geſalbt, daz er dannocht mit worten oder werken ſaul nie letzen wolt, ſo lang in got im ampt duldet. Alſo ſolteſtu billichen ſo lang got den bapſt in dem ampt duldet, ob er ſchon der böſeſt vff erden wer in töblich weder mit worten oder werken der maſſen vnd ſo ſchentlich ſchmehen, wüß daz mancher weiſer man dir das in keinem gůten empfangen hat, doch ſol dir zůgelaſen werden in zůſchenden vnd an ſeinen eren zůletzen, ſo erfordert die not vnd das natürlich recht die gegen wer daz man in laß zů verhör kumen, vnd sich verantwurten, ob er schon der tüffel selb wer sol man im dannocht günstiger sein dan dir, dan in allen zweifflen anklagen, solt dem antwurter me gegünstiget werden dan dem anklager, vnd alle weil sich der bapst nit verantwurt hat, würt dein anklag billich als von einer parthen gethon, zweiffelhafftig erachtet. Zů dem sechsten ist das gantz nit war, aber waz bepstlicher gewalt ist [K₂] hab ich gesagt in dem bůch von dem bapstenthům. Zů dem sibenden wil dir gar nit gebüren die zeit zů gahen vnd fürkumen von got zů begeren die er im in seiner fürsichtikeit verordnet hat, du möchtest sunst begeren, das der ostertag vff die weinachten kem, so wer kein fasten me, wer wolt dan die hering essen, zů latin (Nam stultum est petere quod potest iure negari).

Das man aber den feinden sol glauben halten, daz ist war, so fer sie sich auch geleitlich vnd gleublich halten, dan wa sie glaubenbrüchig würden, als dan solt man inen billich auch kein glauben halten. Aber meister Hanß huß, Hieronimus der böhemen botschafft in das concilium gen Constentz haben sich nit geleitlich gehalten, dan sie dem concilio versprochen haben nüt zů ernüwern in dem glauben, biß sie ein endlichen beschluß von dem concilio empfiengen, das haben die Böhem nit gehalten, sunder ire seck vnd irrung angefangen ee vnd die botschafft ist in daz concilium kumen. Meister hanß Huß hat sich auch des also verantwurt daz er kein schuld daran hab, so nun daz geleid des reichs gewesen ist, vnd es hat kein glauben gehalten noch verspruch, warum wolt man dan inen glauben halten. Wa haben die böhem ire trüw vnd glauben gehalten, dan sie in eidßkrafft iren eignen rat gethon haten, als sie die frumen tütschen ratzherren in die spieß empfiengen ir eigen landsfolck. Nun wiltu aber daz concilium also hoch schenden, daz es kein glauben hab gehalten, da mit machstu des hussen sach nit dest besser, dan so einem mörder ein geleit wer gegeben, vnd nit gehalten, bleibt er nicht [K₂ᵇ] dest minder ein mörder, wie fast doch die vnrecht theten die daz brechen. Aber die von des Hussen geleit warum es billich nit ist gehalten worden, soltu bald in einem andern bůch bericht werden.

Nach gonds hastu vil vnnützer sorgen, vnß vnd die
böhemen zů vereinigen, ich möcht leiden daz es geschech,
doch nit durch deine mittel so du fürschlechst. Aber daz
riet ich, wa sie wolten glauben vnd halten als alle andere
cristen vff erden, deren on zal vil sein, so sein sie vnß
wilkum, alß hertz liebe cristliche brüder, wa sie aber das
nit wolten thůn, wöllen wir lieber vnd rechtlicher auch
göchtlicher bei dem gröfern huffen bleiben, dan zů inen ver-
einigen, vnd von dem merern theil der cristenheit absündern.

Vnd vff daz ich doch ein mal zů einem end kum, laß
ich die reformationes der vniuersiteten vnd schůlen, beider
rechten, der theologen, leren der kinder, oberfluß der tütschen
nationen, von der spetzerei, auch des sucers, kauffmanschatz,
zinß zůkauffen, mißbruch in essen vnd trincken, oder das
nit offene frauwen heüser sollen sein, alles fallen als mensch-
liche hendel vnsern glauben gar nichts betreffen, vnd wil
daz den regenten befolhen haben zůregieren.

Beschluß.

Ich ker ietz wider zu úch ir großmechtigen durchlüchtigen
hoch vnd wol gebornen strengen eren notfesten frumen
edel lüt vnsers vetterlichen tütschen lands, mit er-
manung der dapfferkeit euwerer elter, vnd eerlichen [K3]
namens vnd adelichen harkumens, daz ir euch die liebe,
cristi vnsers herren, vnd euwers vätterlichen gesatz durch
kein mißuerstand lasen in euwerm hertzen erlöschen von
wegen der ewigen selikeit, die wir mit üch von got erwarten
nit leichtlich durch ernüwerung lasen in einen vnglauben
füren, sunder als ir in krafft euwers adelichen harkummens
verpflicht sein, vnsern glauben, verfechten beschützen vnd be-
schirmen, das recht vnd die billicheit, in disem bundschů
ermessen, doctor Luter nit in allen dingen glauben, der euch
alle euwers adelichen stats beraubt hat, vnd zů pfaffen
gemacht, ansehen wöllen daz der vffrüren gleich vor me
geschehen sein, vnd eben in solchen articlen, ist aber alwegen
der cristlich glaub für gangen, vnd sein solch nüw vnd er-
dichte menschliche fünd zertrent worden vnd vndergangen
mit grosem schaden vnd schanden, deren die solche zwitracht

erweckt hetten. Wil dabei nit verleugnet haben, daz doctor
Luther in allen dingen vnrecht hab vnd die vnwarheit geret,
sunder in fillen dingen nit vngeschickt erfunden würt, allein
in dem des aller hösten geschuldiget, daz er die warheit
mit der vnwarheit vnd mit gifft also böß listig vermischet
hat, das ein vor dem andern nit mag noch kan von den
einfaltigen cristen verstanden werden, auch dabei daz er sein
edel kunst vnd vernunfft, vnd die heilig geschrifft mißbrucht
zů einem vffrürigen vnd vnfridsamen auch vncristlichen end
durch euch als die houptlüt vnd fürtrefflichsten die andern
armen scheflin cristi in einen vnglauben zů verfüren. Geben
dabei euwern gnaden in demütiger cristlicher gehorsam
vnser eigene [K₃ᵇ] vnwissenheit zů verston das on fellen in
disem eilenden schreiben in dem wir dem waldwasser, vnd
dem sollen rein hand wöllen entgegnen mag erfunden werden,
das villeicht billich auch mag gestrafft werden, dan die vn-
besunnen eyl ist dick ein müter der irrung, darum wir
vnsere geschrifft vnderwürfflich machen nit allein der ober-
keit vnsers glaubens, sunder auch euweren gnaden vnd einem
yeden vnß bessers lernen vnd berichten kan, dan wir der
hoffart gar nit sein, daz wir vnß schampten von iemans
zů leren, das wir nit wißten, oder vß schelligem zorn vnsere
irrung zů verlassen. Vnd darzů wa wir doctor Luter den wir
für ein gelerten man halten, wa er sein kunst nit zů einem
bösen end bruch für ein glori vnd eer des tütschen lands, etwas
zů gelegt hetten, das nit seiner meinung wer oder seins
gůten verstands, wöllen wir brüderlich, und von hertzen
gern seiner declaration ston, vnd mit vnserm schreiben in
nit weiters dan verursacht haben sich baß zů erkleren, das
solche declaration bei cristlichem verstand mög bleiben, dan
wir ie lieber sein (als eins tütschen) eer vnd leben füdern
wolten dan sein schand vnd tod procurieren. Es ist ie
grüntlich vnsere meinung, daz wir sein lang leben gern
sehen, doch seine vereinigung, so mit bepstlicher heilikeit und
gemeiner cristen begeren, raten vnd bitten durch dy götliche
einikeit vnd friden des cristlichen glaubens. Wa er aber
ie vnsern brüderlichen gunst verachtet, sich gegen vnß sperret,
wöllen wir billich von im leiden vnd gern, das er in crist-
licher messikeit vnd in gleichem schreiben vnd sal vnß ent-

gegne nach allem seinem [K₄] gefallen, da mit vnsere repliken erwarten sein vnd gegen red, das euwere gnaden vß solcher red vnd widerred die warheit ermeß, ergründ vnd des vßspruchs erwart, got geb von wem der geschehe der sein gewalt hat. Würd aber ie doctor Luther gegen vnß als er pflegt seinen zornigen kopff vnder ston zů bruchen, vnd vnß geweltlich wörtlin, mag euwer gnad erkennen das billicheit erfordre im nach gelegenheit zů entgegnen, es ist doch noch ondas vmb den ersten wurff zůthůn, vnd ligt die kugel noch nit an irem rechten ort. Das sich aber dises büchlins niemans zůbeklagen hab, als eins schmach=
büchlins on ein namen geschriben. Ist dem gnedigen fürsten vnd herren einem bischoff von Straßburg der nam des machers vnd sein person bekant. In zů eröffnen wa es sein gnad noturfftig erkent .ıc.

Censores.

Getruckt von Johanne Grieninger in dem iar Tausent CCCCC. Vnd xx. Vff den Cristabent mit Keiser=
lichem Priuilegium, in einem iar niemans nachtrucken sol .ıc.

An den Groß/
mechtigsten vn
Durchlüchtigstē adel tüt
scher nation das sye den
christlichen glauben be
schirmen / wyder den
zerstörer des glaubēs
christi/ Martinū
luther einē vffe
rer der einfel
tigē christē.

Von dē teutschen adel

Dem aller durchlüchtigsten Großmechtigsten fürsten/vñ herren/herñ Karolo erweltem römischen keiser/Hispanischer vnd ꝛc. maiestadt ꝛc.

Durchlüchtiger großmechtiger fürst vnd herr/Es ist von vrsprung des römschen reichs/des du ietz durch gots fürsichtigkeit ein fridsamer keyser/vñ gebieter erwelet vnd gesalbet bist/solches dein reich von oft senlichē findē nie schadlicher angefochten worden/dan ietz zū disen zeiten. Sytenmal dz Catilina (ich mein doctor Martinū luther) ist võ den todten erwecket wid zū menschlichem leben kummen/vnd dar die aller edlisten gmiet dein s reichs zū burgerlichen vffrüren vnd nidergang ires eignen vatterlands erwecken/den vatter wyder seine kind/brüder gegen brüderen/vndertßonen zū gegen irer oberkeit/alle ding der maßen zū verwicklen vnd vermischen/das weder bapst/keiser/künig/bischoff/bader/oder süwhirt nit mer sollent vnderscheder werden/ein vngewone sach allenthalben/wo gut sitten/berden/zucht/ere/ordenung/frid/fröd/vñ mūt auch alles wolfart sollent geiebet vñ gehalten werdē. Vn vff dz solches dest schedlicher vnd standē werd/wirt vnser christlicher glaub für ein deckmärel fürgewendet/als ob sich sölche vffrür/ernüwerūg/ vñ bendrūg/ in krest christliches glaubēs gebüre welle zū thūn vñ vndsston/de

A ij